미타행자의
마음공부

본연 스님이 들려주는 수행자의 삶과 행복

미타행자의
마음공부

본연 지음

담앤북스

○

사바세계 와서 부처님 법 만나
공부할 수 있는 인연에 감사드립니다.

○

미력하나마 나의 수행이
모든 이들의 행복으로 회향되기를 기원합니다.

미타행자의 시리즈는
평범한 비구승의 수행일기입니다

수행일기에 세월의 흔적이 있습니다. 1권『미타행자의 편지』, 2권『미타행자의 염불수행 이야기』, 3권『미타행자의 수행한 담』에 이어 이번에 4권『미타행자의 마음공부』를 엮었습니다. 어렵고 힘들었던 시절 이야기, 절집에 구전으로 내려오는 이 야기, 어른 스님들의 신심을 일으키는 삶 이야기, 수행의 안목 이 커 가는 이야기 등 도량에 울력하면서, 나무아미타불 염송 하면서, 자비관 하면서 그때그때마다 느끼는 마음을 수채화 그리듯 담담히 기록했던 글입니다.

어느덧 이순耳順을 넘어 종심從心에 들어선 나이테, 가장 행복한
마음공부는 무엇일까 잠시 마음을 가다듬고 사유思惟합니다.

샨티데바의 "이 세상의 모든 행복은 이웃의 행복을 바라는 데
서 온다."라는 구절이 생각납니다. 사막화되어 가는 현대사회
에는 이타심, 자비심이 유일한 해결책입니다. 미타행자의 시
리즈를 읽고 오아시스를 잠시라도 느끼셨다면 저 역시 영광입
니다.

미타행자의 시리즈와 인연 맺으신 모든 분들이 행복하시길.

나무아미타불 나무아미타불 나무아미타불.

미타행자 본연本然 합장

자비심은 생명을 가진 모든 존재、
일체중생에게 보약입니다

사바세계에서
가장 가치 있는 일

사바세계에서 가장 가치 있는 일이란
이웃을 위하여 마음을 일으키는 것,
기도하는 것입니다.

이 보석과 같은 귀한 마음을 지니고 일으키면
모든 시비是非에서 벗어날 수 있으며
모든 번뇌와 갈등, 망상을 걷어 낼 수 있습니다.

이 마음을 지니면 스스로 환희심을 느낄 수 있으며
그 환희심으로 사바세계를 밝힐 수 있습니다.

목숨이 다할 때까지
이 마음을 지니고 일으키겠다는 서원誓願이
만일萬日염불이며 만일萬日기도입니다.

또한, 사바세계에서 가장 큰 보시가
뭇 중생들 귀에 불성佛性을 일깨우는
"나무아미타불" 부처님 명호를 심어 주는 일입니다.

천리향 꽃향기를 맡으며

도량에 천리향 꽃향기가 그윽합니다. 처음에 아주 어린 것 다섯 주 심어 놓은 것이 이제는 제법 어우러져 향기를 발산합니다. 천리향이라고 흔히 말하는 꽃나무의 본이름은 서향瑞香입니다. 꽃향기가 천 리 간다고 지은 별명이 본이름을 이긴 것이지요. 이 아이는 그늘진 곳을 좋아합니다. 꽃이 피면 벌, 나비가 와야 수정을 할 수 있는데 누가 그늘까지 들어오겠습니까? 그래서 그늘 속까지 벌과 나비를 유인하기 위하여 짙은 꽃향기를 뿜어내는 것입니다.

식물에도 감정이 있습니다. 자신을 괴롭히는 사람과 보살피는 사람에 대하여 각각 다르게 반응합니다. 처사 시절 천육백 평의 꽃농장을 가꿀 때, 매일 일찍 일어나 꽃들을 살펴

보며 격려하고 좋은 마음을 전하였습니다. 저녁에도 마찬
가지로 꽃들을 살펴보고 격려했습니다. "꽃은 주인의 발자
국 소리를 가장 좋아한다." "주인 신발에서 떨어지는 흙이
꽃에게 가장 좋은 거름이다."라는 말이 있지요. 자기 전에
누우면 천육백 평의 꽃들이 한생각에 다 들어올 정도로 아
낌없이 애정을 주었습니다. 이렇게 사랑과 격려를 듬뿍 받
고 자란 꽃을 꽃시장에 가지고 가면, 모두 감탄하면서 쳐다
보았지요.

> 식물이나 짐승이나 사람이나 고苦를 피하고
> 낙樂을 즐기는 생명의 논리는 같습니다. 여기
> 에 친절과 배려하는 마음, 자비심은 생명을 가
> 진 모든 존재, 일체중생에게 보약입니다.

정성이 도道이고 친절이 도입니다. 꼭 삭발염의削髮染衣하고
앉아 있어야만 수행인 것은 아닙니다. 자기의 업業에 정성
을 들이고 모든 이에게 친절한 것이 바로 수행입니다. 그러
나 정성도 탐심貪心이 녹아야 나오는 것이고 친절도 진심瞋
心이 녹아야 나오는 것입니다. 일체 존재가 인드라(Indra, 帝釋
天)의 그물網처럼 인연으로 연결되어 있음을 통감하고, 그들

을 위하여 자비심을 일으키는 것은 치심痴心이 녹아야 나오는 것입니다.

결국 수행이란 탐진치貪瞋痴 삼독심三毒心을 녹이기 위하여 매일 반복 훈련하는 것입니다.

온 우주에 자비심을

깊은 들숨과 깊은 날숨에
온 우주에 자비심만 가득합니다.

다리를 포개고 허리를 곧추세우고
몇 번의 들숨과 날숨으로 마음을 고르며

들숨에 일체중생을 마음으로 끌어안으며
일체중생의 고통을 다 거두어 주겠습니다.

날숨에 자비심을 일으켜
낱낱이 온 우주에 방사합니다.

한 번 더 마음을 활짝 열고
일체중생을 마음으로 끌어안으며

깊은 들숨에 일체중생의 고통을 다 거두어 주겠습니다.
깊은 날숨에 자비심을 낱낱이 온 우주에 방사합니다.

깊은 들숨과 깊은 날숨에 온 우주에
자비심만 가득합니다.

가장 인간다운 행위가
고통받는 이웃에 몸과 마음을 일으키는 것이며
가장 인간적인 마음이 관세음보살입니다.

망상을 쥐고라도, 때 묻은 마음이라도
연민하는 마음을 끊임없이 일으킨다면
언젠가는 관세음보살을 친견親見할 수 있습니다.

마음보시

옛 어른 스님은 어릴 적에 낙엽 타는 것을 보고 무상無常을 깨닫고 출가 수행하여 대각大覺을 이루었다고 합니다. 이렇듯 마음공부는 스스로 깨닫는 것이기에 일러 주어서 깨닫는 것은 없습니다. 의문이 일어난다면 도처에 스승이 있습니다. 다들 각자 업대로 살아가는데 제 자신도 업장業障 덩어리입니다. 업대로 살아가는 중생 삶에서 업을 녹이고 부처로 가는 길에 가장 큰 덕목은 보시바라밀布施波羅蜜입니다.

대승보살이 수행하여야 할 육바라밀 가운데 첫 번째 덕목입니다. 부처님께서도 육성으로 보시와 계행戒行 청정을 첫 번째 덕목으로 꼽았습니다.

보시하면 흔히 재財보시를 생각하지만, 재보시보다 더 하기 힘든 것이 마음보시입니다.

> 성내지 않는 마음, 한을 품지 않는 마음, 미워하지 않는 마음, 차별하지 않는 마음이 다 마음보시입니다.

그러나 이 마음보시를 쉽게 하는 사람이 어디 있겠습니까. 다겁생에 쌓인 어두운 마음을 녹이고 회향하기 위해 염불도 하고 사경도 하고 좌선坐禪도 하고 절도 하는 것이지요.

"애쓴다." 하여도 알면서 속는 것이고, 거짓이라도 부처님 마음을 일으키는 연습을 수행할 뿐입니다.

정성스런 마음으로

정성스런 마음으로
정성스럽게 염불공덕 지어 가면
정성이 메아리가 되어 돌아옵니다.

정성은 복과 지혜가 함께 가는 길이며
정성스런 염불이 순숙純熟되면서
행주좌와行住坐臥에 정성이 묻어납니다.

정성스런 염불로
일체중생을 이익되게 합니다.

나무아미타불
나무아미타불
나무아미타불.

절집 살림살이는 마음입니다

초파일 즈음에는 훌쩍 커진 삼색병꽃이 방문객의 찬탄을 한 몸에 받더니 요즘은 입구 양쪽에 심어 놓은 능소화와 도량의 수국이 찬탄을 받고 있습니다. 도량에 꽃과 나무들이 작년하고 또 다르게 많이 자랐고 꽃도 풍성합니다. 요즘 날씨가 더워져 법당문을 열어 놓고 사시기도를 하는데, "나무아미타불" 염불 소리와 새소리가 어우러져 그대로 극락도량입니다.

개원開苑 십여 년을 새벽, 오전 정진하고 오후 울력을 수행 삼아 꽃과 나무 심고 물 주고 풀 뽑고 거름 주며 정진한 결과가 도량에 드러나는 것입니다. 도량의 꽃과 나무는 옷과 같습니다. 헐벗은 도량을 적당한 꽃과 나무로 옷을 입히면 도량이 편안해집니다. 주인장은 늘 도량에 지내니 못 느꼈는데 선객禪客 한 분이 오셔서 "도량이 어머니의 품과 같습니다."라고 덕담해 주셨습니다. 할아버지 따라다니며 풍수를 배웠다는 노 거사가 방문해서도 어머니의 품과 같이 편안하다고 찬탄하니 극락도량을 이룬 것 같습니다.

법당과 마당을 오가며 틈틈이 은사 스님 법어집法語集 정리하여 법공양 출판하면서 허튼 시간 없이 십여 년의 세월을 지내다 보니 무주선원이 풍성해졌습니다.

우리가 사바세계에 올 적에 이미 살림살이는 다 가지고 옵니다. 살면서 거기에 "플러스알파" 해 보아야 별 차이는 없습니다. 복 까먹기 쉬운 배부른 말세에 가지고 온 살림살이 까먹지만 않아도 다행이다 생각합니다. 우리가 가지고 온 살림살이를 진일보하기 위해서 수행하는 것인데 그것이 그리 쉽지만은 않습니다.

세속적인 살림살이는 재물과 이름이지만 절집 살림살이는 마음입니다. 마음이 옹색하면 살림살이가 옹색한 것이고 마음이 넉넉하면 살림살이가 넉넉한 것입니다.

탐진치 삼독심에 물들어 있으면 마음이 옹색한 것입니다. 수행을 통하여 삼독심을 털어 내면 털어 낸 만큼 마음이 확장되고 이름과 재물로부터 자유로워지며 자비심이 충만해집니다.

수행법도 화두話頭를 하든 염불을 하든 위파사나를 하든 각자의 기질과 인연에 따를 뿐이지 우열은 없습니다. 다만 어렵다고 퇴굴심 낼 것 없고 다 했다고 자만심 낼 것 없이 마음 농사 지어 간다면 언젠가는 증오證悟, 마음으로 깨닫고 몸으로 증명하는 날이 올 것입니다.

작은 선업이 모여

인囚과 연緣의 조합으로 펼쳐지는 사바세계.
그러나 인연도 무상을 넘을 수는 없습니다.

인연이 다하면 흩어지고 다시 모이고
늘 새로운 세상이 열립니다.
무상 또한 선업善業을 넘을 수는 없습니다.

한 방울의 물이 모여 큰 강을 이루듯이
작은 선업이 모여 운명을 바꾸고
중생의 업을 녹여 부처를 이루는 것입니다.

선업 가운데 가장 청정한 선업은
보리심입니다.

인연이 있어서 이 자리에 있겠지요.
인연이 다하면 흩어지는 것이고.
그러나 보리심 공덕은 말년을 안락하게 하며
다음 생에도 연결됩니다.

4년 만에 핀 수국

갖가지 수국으로 도량이 풍성 장엄합니다. 수국은 추위에 약해서 제주도가 제격입니다. 처음 개원하고부터 수국을 제법 심었지만 몇 년간 별 재미를 보지 못했습니다. 지나가는 길에 농장에서 본 품종인데, 너무 좋아 보여서 바로 구입하려 했으나 농장 주인을 만나지 못했습니다. 몇 달이 지나고 나서야 농장 주인을 만날 수 있었습니다. 수국을 사고 싶다고 하니 주인은 봄에 가지 잘라다 삽목(揷木, 식물의 가지, 줄기, 잎 따위를 자르거나 꺾어 흙 속에 꽂아 뿌리 내리게 하는 일)을 하라고 권했습니다.

그 이듬해 봄에 농장에 가서 가지를 잘라다 삽목하였고 뿌리가 잘 내린 덕에 가을에 이십여 주를 옮겨 심었습니다.

기대가 컸는데 그다음 해 봄에 확인하니 다 죽고 두 주만 겨우 목숨을 부지했습니다. 다시 화분에 옮겨 금이야 옥이야 길러 가을에 땅에 심었더니, 작년에 좀 더 자라더군요. 그리고 올해 드디어 꽃을 피웠습니다.

수국 하나 제대로 꽃 보는 것에 4년이라는 세월을 투자한 것입니다. 그동안 수국이 꽃을 피우지 못한 이유는 워낙 물을 좋아하는 아이라 특히 어릴 적에 물을 제때 주지 못하면 그대로 고사枯死해 버리기 때문입니다. 2년 전부터는 생리를 터득해서 여름에는 매일 물을 주었지요. 꽃은 아름답지만 주인장 등골 빼먹는 아이입니다.

또 수국은 꽃색을 장담할 수 없는 것이, 같은 도량에서도 심는 곳에 따라 꽃색이 다르게 나오기 때문입니다. 작년부터 본격적으로 거름도 주고 물도 신경 써서 주고 관리한 덕분에 올해는 다양한 빛깔을 품은 수국 풍년입니다. 정말 아름답습니다.

사바세계에 그냥 되는 것이 있겠습니까?
무주선원에 있는 꽃과 나무는 다 사연이 있습니다.

거친 마음이라도
한 번 일으키면

다리를 포개고 허리를 곧추세우고 숨을 고르며
저 깊은 의식 속 관세음보살 성품을 드러내어

병고에 고통받는 이
가난으로 고통받는 이
무지로 고통받는 이
두터운 업장으로 고통받는 이
낱낱이 관상觀想하면서 연민하는 마음을 방사합니다.

확장된 연민하는 마음, 자비심으로
통틀어 온 마음을 던져 끌어안으며

들숨에 일체중생의 고통을 다 거두어 주겠습니다.
날숨에 온 우주에 연민하는 마음 빛을 방사합니다.

다리를 풀고 일어날 적에
자비심, 만족감, 행복감, 건강함, 가벼움
그리고 충만한 에너지를 느낄 수 있습니다.

그 충만한 에너지로

거친 하루를 슬기롭게 보내는 것입니다.

가장 순수한 행복은

이웃을 위한 마음(보리심)에서 나오는 것입니다.

생명이 있는 모든 존재가 간직한

관세음보살 성품을 드러내는 반복 훈련이 자비관 수행입니다.

거친 마음이라도 한 번 일으키면

일으킨 만큼 몸과 마음이 가벼워집니다.

더 나아가 익숙해지면

하루 일과에 늘 일어나며 마음에서 행위로 연결됩니다.

몸에 가장 좋은 보약, 자비심

예전에 미국 한 연구소에서 토끼를 실험하였습니다. 토끼를 A, B, C 그룹으로 나눠 각각 다른 먹이를 준 다음, 그 차이를 알아보고자 하는 실험이었습니다. 차이가 있긴 했지만 먹이에 따른 것이 아니라, 층수에 따라 달랐다고 합니다. 결과가 1층에 있는 토끼와 2층에 있는 토끼로 나누어진 것입니다. 놀란 연구진이 진상을 파악한 결과, 먹이를 주는 보살님의 행동이 원인이라는 것을 알게 되었습니다. 먹이를 주는 보살님이 1층에 있는 토끼는 먹이를 주면서 한 번씩 안아 주었고 2층에 있는 토끼는 손이 닿지 않아 그냥 먹이만 주었던 것입니다.

이 실험으로 우리는 무엇을 알 수 있을까요? 바로 먹이를 주는 것보다 사랑을 주는 것이 몸에 더 중요하다는 것입니다. 우리는 몸에 좋은 것을 먹거리에서 찾으려고 하지만, 사실 마음을 잘 쓰고 사는 것이 더 중요합니다. 의학적으로도 자비심을 일으킬 때 병균에 대한 저항력이 가장 커진다고 합니다.

몸에 가장 좋은 보약이 자비심이고 몸에 가장 나쁜 사약死藥이 진심瞋心입니다. 경전에도 진심은 모든 공덕을 태운다고 하였습니다. 한 의사 선생님 말씀이 진심을 내면 그 자리에서 피가 변한다고 합니다. 자동차로 비유하면 급브레이크를 밟는 것과 같다고. 급브레이크를 자주 밟는 운전 습관은 차의 수명을 짧게 합니다. 마찬가지로 진심을 자주 내면 몸의 에너지가 고갈되어 만병의 근원이 됩니다. "모든 것이 마음으로부터 비롯된다[一切唯心造]." 모든 병의 근본은 마음에 있습니다.

처음에는 비록 거친 마음이라도, 거짓일지라도 자비심을 일으키는 훈련이 필요합니다. 반복 훈련이 익숙해지면 깊은 의식에서 온화하고 진실한 마음이 우러납니다.

그 온화하고 진실한 마음이 자리이타自利利他, 나와 더불어 이웃까지 건강하고 행복하도록 만들어 줍니다. 저 역시 매일 거짓이라도 하는 자비관 수행으로 마음을 다스리고 순간순간 일어나는 경계境界를 극복하려고 노력합니다.

백련꽃처럼 귀한

예부터 염불은 "나무아미타불"을 칭하는 것이며
염불행자念佛行者는 "나무아미타불"을 칭념稱念하는
수행자를 가리킵니다.

그러나 예부터 "나무아미타불" 염불하는 이가 귀하기에
백련꽃에 비유하고 "나무아미타불" 염불하면
대세지보살과 관세음보살의 도반이 된다고 하였습니다.

배부른 말세 가뭄에 못물 줄듯이
염불행자가 점점 귀해지는 것을 피부로 느끼고 있습니다.

염불수행은 때 묻은 자성自性을 돌이켜
본래 '마음의 고향' 자성청정심自性淸淨心으로 돌아가
그늘 없는 행복한 삶을 가꾸는 것입니다.

더 나아가 사바세계에서 원만히 회향할 수 있고
원력에 따라 극락세계 또는 다시 사바세계에서
원력 수행할 수 있는 것입니다.

자비관을 수행하며

초심 시절 우연히 손에 잡힌 『자비관慈悲觀』 소책자. 자비관 수행은 부처님께서 제자들에게 직접 권한 수행이며 당신께서도 자비관 수행을 하셨다고 합니다. 매일 새벽기도에 독송하는 부처님 육성이라는 『자비경慈悲經』은 짧은 경전이지만 계정혜戒定慧 삼학이 모두 들어 있고 일상삼매一相三昧, 일행삼매一行三昧도 있습니다.

처음 시작할 적에는 책에 나온 그대로 시작하였습니다. 세월이 흘러 숙달하다 보니 이제는 제 나름대로 정리하여 진행하고 있습니다. 큰 맥락은 같더라도 "일체중생이 고통을 여의고 행복하십시오."라는 사유思惟가 익다 보니 "일체중생의 고통을 제가 다 거두어 주겠습니다."라는 원력으로 바뀌었습니다. 또 익어 가다 보니 마음의 팔과 손이 나와서 대상을 보듬어 안아 주면서 자비관을 하게 되었습니다. 수행 방법은 공장에서 찍어 나오는 제품처럼 다 똑같을 수는 없습니다. 각각의 인연과 업이 하늘과 땅 차이인데 똑같은 방법을 강조하는 것 자체가 모순입니다.

가까이 있는 힘들고 고통받는 중생들로 시작하여 저 멀리 있는 중생들까지 확장해 가며, 마지막은 가슴을 열고 마음의 팔과 손으로 감싸 안으며 들숨에 "일체중생의 고통을 다 거두어 주겠습니다." 날숨에 끝없는 마음의 빛 자비심을 온 누리에 방사합니다. 한 단계 더 들어가면 묵묵히 마음의 빛만 방사하게 됩니다.

> 염불과 자비관은 둘이 아닙니다. 마음의 빛 "나무아미타불"을 고성염불에 실어 온 우주에 방사하면서 나무아미타불이 온 우주를 채우고 저 깊숙이 땅속까지 미치도록 합니다.

염불을 하든 자비관을 하든 수행공덕을 일체중생의 행복으로 회향하고자 하나, 나의 수행으로 얼마나 사바세계를 정화시키고 있는지는 알 수 없습니다. 다만 일체중생을 위하여 마음을 일으키면 일체중생이 감응感應할 것이라는 소신입니다.

자비관을 수행하여 얻는 공덕으로 첫 번째는 건강입니다. 과학적으로도 자비심을 일으킬 적에 면역체계가 가장 튼튼하다고 하지요. 스님들 건강이 의외로 부실한데, 아직까지 일식일찬一食一饌으로 살아도 큰 무리 없이 잘 지내는 것을 보면 자비관 수행 덕이 아닌가 싶습니다.

두 번째는 행복감을 바로 느낄 수 있습니다. 억한 마음 움켜쥐고 살아 봤자 끝없는 고통과 병고뿐입니다. 거친 사바세계에 와서 마음의 상처가 없는 사람이 어디 있겠습니까. 이러한 마음을 내려놓고 이해하고 연민하는 마음을 일으키면 바로 행복감을 느낄 수 있습니다. 내가 행복해야 주변도 행복한 것입니다.

세 번째는 가장 인간다운 삶입니다. 『자비경』에서 자비관을 하는 수행자의 삶이 가장 거룩한 삶이라고 하였습니다. 재물이나 이름은 다 무상한 것이지만 이웃 중생을 위하여 마음을 일으키는 것은 영원한 것이며 가장 인간답고 아름다운 것입니다. 선한 마음이 익어 선한 행위가 자연스럽게 나타나는 것이 바로 복과 지혜가 쌓이는 수행입니다.

수행 성취에 조급증을 낼 필요는 없습니다. 저 역시 자비관을 한다고 하지만 망상을 쥐고 하는 것입니다. 깊은 삼매에 들어야 삼독심의 뿌리가 뽑히는 것이고 비로소 마음을 증명하는 것이라고 하지만, 열 번 화내던 것을 다섯 번으로 줄이고 한 번의 이해가 몇 번의 이해로 늘어난다면 그것만으로도 수행의 진일보를 증명한 것입니다.

단전으로부터

머리끝부터 발끝에 있는 에너지를 단전으로 모으고
단전으로부터 온몸을 던지듯 "나무아미타불" 염송합니다.

"나무아미타불" 염불이 온 우주를 감싸고
저 멀리멀리 퍼져 나감을 관상하면서
고성으로 "나무아미타불"을 염불합니다.

저 땅속 깊은 곳 지옥에서부터 온 우주까지 관상하면
염불공덕은 원력이 미치는 곳까지 감응합니다.

나무아미타불 나무아미타불 나무아미타불.

귀한 법문 한 구절

『금강심론金剛心論』(금타 스님의 유고집을 청화 큰스님께서 정리 편집하였다)은 요즘 세대에 익숙하지 않은 한문 투로 되어 있어 어렵다고는 하지만, 각자覺者의 안목으로 불교 전반 수행 체계와 철학을 정리한 소중한 글입니다. 이 책에서 몇 구절만 건져도 성공한 것이고 수행의 나침판이 될 수 있습니다.

"이치부터 깨닫고 수행하라."라는 선오후수先悟後修. "마음으로 깨달은 것이 있으면 몸(행위)으로 증명하라."라는 신증심오身證心悟. "거짓이라도 마음을 일으키면 결국은 증명한다."라는 관상觀想 수행법. 염불선의 핵심인 염(念: 一行三昧)과 관(觀: 一相三昧). 그리고 당신의 깨달음의 노래 금강삼매송金剛三昧頌. 모두 다 소중한 법문입니다.

제가 하는, 일체중생을 가슴으로 끌어안으며 "일체중생의
고통을 다 거두어 주겠습니다."라는 서원을 세우고 온 우주
에 자비심을 방사하는 자비관 수행 역시 『금강심론』에서 비
롯된 것입니다.

"거짓이라도 마음을 일으키면 결국은 증명한
다." 이 귀한 법문 한 구절 덕분입니다. 인연이
있으면 책 한 구절 가지고도 평생을 사는 것입
니다.

부처님 명호를
입으로 염송하며

부처님 명호를 입으로 염송하며
귀로 또렷이 듣고 마음으로 새깁니다.

입으로 정성을 다하여 염송하면
어느덧 널뛰던 망상이 사그라지면서
마음이 정성스러워지고
몸(행위)이 정성스러워집니다.

비로소 보리심이 발하며
나의 수행공덕이
일체중생의 행복으로 회향하기를 발원합니다.

보리심을 지니고 정성을 다하여
부처님 명호를 칭념하는 것이 염불수행의 요체要諦입니다.
이 공덕이 다하고 망상이 다할 적에
아미타불을 친견하고 극락세계에 왕생하는 것입니다.

나를 돌아보면서

나를 돌아보면서 인성, 인격, 지혜는 타고나는 것이라 생각합니다. 출가해서부터 부지런히 사는 것이 아니라 처사 시절부터 성실하게 살았습니다. 여담으로 꽃농장 하면서 계약금(당시로는 큰돈인 2백만 원) 받은 것을 상대방이 계약을 포기하였을 적에 말없이 돌려준 적도 있습니다. 세속에서 어렵게 살아도 부당한 이익은 취하지 않고 담담히 산 것입니다.

나를 돌아보면서 건강은 타고나는 것이라 생각합니다. 지나온 길이 홀로 헤쳐 온 가시밭길인데, 체력이 받쳐 주지 않았으면 이미 병들거나 이 세상 사람이 아니었을 것입니다. 여담으로 커피와 라면이 몸에 안 좋은 것이 사실이라면 나는 진즉 병이 났을 것입니다.

인성과 건강이 타고나는 것이라면 이미 운명, 팔자는 어느 정도 결정된 것이라고 볼 수 있습니다. 팔자라는 업장을 녹여 운명을 바꾸는 것이 수행입니다. 흔히 업장이 무겁다, 두텁다 하는 것은 인색하고 나밖에 모르는 것을 뜻합니다. 반대로 업장이 가볍다 하는 것은 베풀 줄 알고 이웃을 배려하는 마음이 있다는 뜻입니다.

> 화려한 명함이나 수행 이력과는 상관없이 행위가 인색하고 자기밖에 모른다면 짐승과 다를 바 없이 천하게 사는 것이요, 가진 것이 없더라도 나눔을 행하고 배려하는 마음이 있다면 귀하게 사는 것입니다.

자기가 짓고 자기가 받는 자업자득은 만고의 진리입니다. 다겁생의 인색함과 아我의 업을 녹이고 운명을 바꾸는 길은 "보시바라밀"뿐입니다. 사바세계에서는 인색해도 살고 넉넉해도 삽니다. 스스로 선택할 뿐이지요. 다만 인색한 삶은 박복한 말년이 기다리고 있을 뿐입니다.

마음이 모든 업業에 근본이 되는 것이며, 그 마음을 베풂이

기도이며 자비관입니다. 일체중생을 마음에 두고 부처님 명호를 열 번만이라도 염송하는 것이 일체중생에게 마음을 보시하는 것입니다. 잠시라도 들숨과 날숨에 따라 일체중생이 고통을 여의고 행복하기를 사유한다면 일체중생에게 보시하는 것과 같습니다. 그 공덕으로 뿌리 깊은 다겁생의 간탐심을 녹여 나 자신도 행복해질 수 있습니다.

관세음보살

관세음보살님과 같은 삶을 흠모하여
법당에 관세음보살님을 모셔 놓고

관세음보살님이 아미타불을 정대頂戴하고
아미타불의 무량공덕을 찬탄하면서
천 개의 눈과 천 개의 팔로
일체중생의 고통을 거두어 주듯이

저 또한 거짓 마음, 때 묻은 마음이라도
생명이 다할 때까지

아미타불의 무량공덕을 찬탄하면서
가슴으로 일체중생을 끌어안으며
일체중생의 고통을 다 거두어 주겠습니다.

천함과 귀함

사람이 사바세계 올 적에 천하게 오는 사람이 있고 귀하게 오는 사람이 있습니다. 천하다, 귀하다는 재물이나 사회적 지위를 말하는 것이 아닙니다. 정신세계가 짐승하고 가까울수록 천한 것이고 성자聖者와 가까울수록 귀한 것입니다. 다시 말하면 짐승의 삶, 먹고 짝짓기하고 권력 다툼하는 본능적 삶을 천하다고 하는 것입니다. 귀하다는 것은 한마디로 "헌신적인 삶(보리심)"을 말합니다.

특히 정치판에서 가방끈 길이와는 상관없이 미천한 인간들을 많이 볼 수 있습니다. 기술이나 학문은 교육으로 이룰 수 있지만 태어날 적에 이미 형성된 업業, 정신세계는 교육만으로는 해결이 안 됩니다.

우리가 수행하는 이유는 다겁생래의 잘못된
습관, 짐승적 본능을 녹여서 생명 있는 모든
존재가 가지고 있다는 불성, 자성청정심을 드
러내기 위해서입니다.

석가모니 부처님이 위대한 이유는 당신께서 완벽한 깨달음
으로 수많은 제자의 업을 녹여 주어 아라한과를 성취하였
기 때문입니다. 아라한과를 성취한 수행자만이 중생의 업
을 녹일 수 있습니다. 위파사나, 화두, 염불, 진언眞言, 간경
看經 등의 다양한 수행법은 중생의 업을 녹이는 수단, 방법
일 뿐입니다. 인연과 기질에 따라 자신에게 맞는 수행법을
선택하면 됩니다. 대도무문大道無門이라 부처님 법은 그리
옹색하지 않습니다. 그러나 한생을 정진했다 해도 법집法執
에서 헤어나지 못하는 미숙한 수행자를 쉽게 볼 수 있습니다.

우리가 한생의 공부로 탐진치 삼독심의 뿌리를 뽑고 몸으
로 증명하는 것은 이론상으로는 가능할지 몰라도 현실적으
로는 머나먼 길입니다. 또한, 수행의 살림살이는 몸(행위)으
로 증명하는 것이지 정치력이나 입으로 증명하는 것이 아
닙니다. 한생 공부했다고 자랑할 것 없고 자만심 낼 것도

없습니다. 성취한 것 없다고 퇴굴심 낼 것도 없습니다. 다만 묵묵히 반조反照하며 성찰하여 마음 다듬어 가면 되는 것입니다.

오늘도 법당에서

청화淸華 큰스님께서 제자가 애쓰는 것을 보고 지나가는 말로 "거 생각대로 잘 안 되네."라고 하셨다고 합니다.

> 사실 사바세계에서 생각대로 된다면 가난한
> 사람도 없고, 도道를 못 이룬 사람도 없겠지요.

이제는 염송하거나 좌선할 때 쑤욱 깊이 들어갈 만하건만 생각대로 잘 안 됩니다. 한편으로는 이 정도 해서는 안 되고 결정신심決定信心 가지고 가행정진 내지는 용맹정진으로 밀어붙여야 하는데 하지만, 마음뿐입니다.

예전에 어느 절에 노전爐殿 스님이 계셨는데 가끔 새벽기도에 들어가 사시기도까지 마치고 나오셨다고 합니다. 족히 8시간을 정근하신 것인데 정定에 들지 않고는 불가능한 일입니다. 그리고 그 노전 스님은 일체 말이 없었다고 합니다.

예전에 큰 절에 괴각승乖角僧이 있었는데 어느 날 사미승沙彌僧한테 망신당하고 결정신심을 일으켜, 법당에서 21일간 잠도 안 자고 용맹기도를 마치고는 완전히 환탈換奪하였다고 합니다.

오늘도 법당에서 정에 들어 8시간 정근하신 스님과 결정신심을 일으켜 21일간 용맹기도로 다겁생의 업장을 녹이고 환골탈태한 스님을 생각합니다.

두 가지 서원

첫 번째는 목숨이 다할 때까지 아미타불의 무량공덕을 찬탄하겠다는 서원입니다. "나무아미타불"을 칭념하는 것은 아미타불의 무량공덕을 찬탄하는 것입니다. 그러나 "나무아미타불"을 칭념하기가 그리 쉽지만은 않습니다. 부처님 명호 가운데 모든 공덕을 총섭總攝한 나무본사아미타불은 절집 말로 어느 정도 업이 녹아야, 어느 정도 정신세계가 맑아야 칭념할 수 있는 부처님 명호입니다. 스님들도 젊은 시절에는 여러 가지 수행을 하다가 말년에야 "나무아미타불" 수행으로 회향하는 경우가 많습니다. 평생을 기도만 한 노스님께서도 처음에는 신중기도, 지장기도를 모시다 말년에야 "나무아미타불" 기도를 하셨습니다. 내 업이 두텁고 정신세계가 흐리더라도 이 서원만으로 절반은 성취한 것입니다.

두 번째는 아미타불의 무량공덕을 찬탄하여 얻은 공덕을 남김없이 일체중생에게 회향하겠다는 서원입니다. 나무아미타불 염송은 더러운 물을 정화하는 마니보주摩尼寶珠와 같아서 중생의 때 묻은 마음을 정화하는 불가사의한 공덕이 있습니다. 않으나 서나 나무아미타불 염송이 깊어지면 진심瞋心이 사그라집니다. 미워하는 마음이 털어지고 억울한 마음이 털어지고 집착과 욕심이 털어집니다. 그리고 이웃을 불편하게 여기던 마음을 참회합니다. 다시 말하면 자성 청정심이 드러나는 것인데, 드러난 만큼 일체중생을 위하여 마음을 내는 것이 일체중생에게 회향하겠다는 서원입니다.

첫술에 배부를 수 없듯이 이 두 가지 서원도 단번에 이룰 수는 없습니다. 평생을 두고 해도 부족하지만, 부족하면 부족한 대로 서원을 잊지 않고 행하는 것이 복과 지혜가 함께하는 수행입니다.

이 두 가지 서원으로 몸과 마음은 나날이 가벼워집니다. 마지막 목숨이 다할 때 모든 티끌을 다 털고 아미타불을 친견하여 극락세계에 왕생할 수 있습니다.

원아임욕명종시願我臨欲命終時

진제일체제장애盡除一切諸障碍

면견피불아미타面見彼佛阿彌陀

즉득왕생안락찰卽得往生安樂刹

원하오니 제가 명이 다할 적에

모든 장애가 일시에 제거되어

면전面前에 아미타불을 친견하고

바로 극락세계에 왕생하기를 발원합니다.

기나긴 겨울을 딛고 일어선
사람의 향기가 멀리 오래갑니다

맑은 마음으로

천 개의 눈과 천 개의 손으로
일체중생의 고통을 거두어 주는 관세음보살님을 뒤로하고
다리를 포개고 앉아 관세음보살님을 대신하여
관세음보살님의 자비심을 온 우주에 방사합니다.

고통받는 이들을 낱낱이 관상하면서
고통을 여의고 행복하기를 발원합니다.
그리고 가슴으로 온 우주를 끌어안으며
"일체중생의 고통을 다 거두어 주겠습니다."

약하거나 강하거나 짧거나 길거나 작거나 크거나
미세하거나 거대하거나 눈에 보이거나 보이지 않거나
멀리 있거나 가까이 있거나 태어났거나 태어나려 하거나
"일체중생의 고통을 제가 다 거두어 주겠습니다."
하고 서원을 일으킵니다.

한 번 더 마음을 확장하며
들숨에 일체중생의 고통을 모두 다 거두어 주겠습니다.
날숨에 서원과 함께 자비심을 낱낱이
온 우주에 방사합니다.

방선放禪할 적에 맑은 마음이 충만해지고
그 맑은 마음으로
거친 사바세계를 정화시키면
하루 일과에 에너지가 됩니다.

어두운 마음, 옹색한 마음, 억울한 마음,
고통스러운 마음이라도 호흡을 고르고
"일체중생이 고통을 여의고 행복하십시오."라는
원력과 자비심을 일으킨다면
맑은 에너지를 느낄 수 있습니다.

아我를 녹이는 길

혼자 살아서 그런지 세월에 무딥니다. 마음은 세월을 못 느끼는데 몸은 세월을 느낍니다. 고향 인천에서 19년, 서울에서 20년, 제주도에서 20년, 동가식서가숙東家食西家宿 10년. 돌아보면 사바세계 와서 살 만큼 살았다 하는 생각도 듭니다. 무주선원의 하루 일과를 나열해 봅니다. 손수 공양 지어 마지 올리며 기도정진 하고, 은사 스님 법어집 교정 본 후 출판하고, 마당에서 검질매며('김매다'의 제주 방언) 꽃과 나무를 손봅니다. 일과는 빡빡해도 헐떡거리는 마음이 녹으니 행복합니다.

'나이 먹은 사람 반기는 곳 있나.' '요즘 세상에 누가 누구 말을 듣겠나.' 하는 생각에 도량에 머뭅니다. 방문객 있으면

차 공양 올리고, 전해 주고 싶은 말이 있으면 인터넷에 올리
니 세상 편합니다. 배부른 말세에 찬饌 없는 공양하면서 같
이 울력하며 정진할 사람은 없지만, 살아온 경험으로 보면
마음공부는 스스로 깨달아 가는 공부이기에 홀로 정진해야
하겠지요.

> 나 스스로 마음을 정화하여 마음을 밝히면
> 그 향기가 주변을 정화시켜 줄 것이라 믿
> 습니다.

염불을 하든, 진언을 하든, 좌선을 하든 수행이란 결국은
아我를 녹이는 것이며, 아가 녹은 만치 자유롭고 행복합니
다. 그러나 아를 온전히 다 녹여 마음을 증명하는 길은 멀
고 먼 길입니다. 아를 녹이는 길. 지금까지도 먼 길을 왔지
만 앞으로 갈 길 또한 멀고 멉니다.

8년의 기다림

올해 처음으로 팔삭(귤 품종 중 하나)이 열매를 맺었습니다.
8년 만에 처음 열린 열매치고는 제법 많이 달렸습니다.
지금 노랗게 익어 가는데
내년 여름이나 돼야 먹을 수 있는 만생종입니다.

올해는 열매를 볼 수 있을까,
내년에는 열매를 볼 수 있을까 하는
주인장의 마음을 일곱 번이나 속이고
여덟 번째에 꽃이 피고 열매가 달렸습니다.

방문 열면 보이는 곳에 서서 주인장을 힐책합니다.

"아, 이 사람아! 때가 되면 다 꽃 피고 열매 맺네.
그걸 못 기다리고 조급증을 내었나!"

수행도 마찬가지입니다.
오래오래 참고 견디며 잊지 않고 염불한다면
어느 날 꽃 피고 열매 맺을 날이 올 것입니다.

새벽에 일어나

저는 대중처소에서 나와 토굴로 정진하러 들어갈 적에 한 가지 서원을 세웠습니다. 새벽에 일어나지 못하면 다시 대중처소로 가겠다고. 보통 대중처소에서는 대중의 힘으로 좀 나태해져도 추스르고 일어나기 쉬운데 토굴살이는 다릅니다. 쉽게 무너질 수 있습니다. 그래서 어른 스님들은 웬만하면 토굴살이를 권하지 않습니다.

지금까지 홀로 정진하고 살아도 새벽에 못 일어난 적은 없으니 토굴살이는 성공했다고 봅니다. 겨울이라 마당 울력이 없는데도 눈이 일찍 떠지는데, 일찍 떠지면 떠지는 대로 자리 털고 일어나 앉아 있다가 3시부터 청아한 목탁 소리로 우주를 깨우고 공식 일과에 들어갑니다.

'원차종성변법계(顯此鐘聲遍法界, 원컨대 이 종소리가 온 법계에 두루 퍼
져서)'로 시작하는 새벽 종송鐘頌에 마음을 실어 온 우주 법계
에 전합니다. 종송만으로도 우주를 밝힐 수 있는 대단한 기
도이며 깨달음의 게송이며 발원입니다. 이어 칠정례七頂禮,
발원문,『반야심경般若心經』독송,『자비경』독송, 나무아미타
불 정근으로 이어집니다. 나무아미타불 정근은 온몸을 던
지듯이 고성으로 온 우주를 "나무아미타불" 염불로 장엄하
듯이 합니다. 마지막 축원으로 회향하고 방에 들어오면 4시
15분입니다. 원두커피 한 잔 갈아 마시고 숨 좀 돌리다가
다시 법당에 가서 50분 자비관 수행을 이어 갑니다. 마지막
으로 자비관 수행이 끝날 적에는 마음이나 온몸에 맑은 에
너지가 충만함을 느낍니다.

이 새벽 정진으로 충전된 맑은 에너지를 가지고 건강한 하
루 일과를 보냅니다. 홀로 사는 토굴살이라 손수 공양 지
어 사시마지 올립니다. 잡풀 하나도 내 손으로 뽑아야 뽑아
지는 것이고, 휴지도 내 손으로 치워야 치워지는 것입니다.
빡빡한 무주선원 하루 일과를 새벽 정진 공덕으로 제주에
서 이십여 년, 더 나아가 출가 이래 무탈로 정진하며 지낸다
생각합니다. 어느 수행이든 그 끝은 탐진치 삼독심을 녹이

고 본래 자성청정심을 드러내는 것인데, 삼독심을 녹이는 수행, 방편으로는 염불과 자비관 수행만 한 것이 없다고 생각합니다. 이것도 각자의 기질에 따라 다르겠지요.

> 마음은 메아리와 같습니다. 좋은 마음, 자비심을 일으키면 좋은 기운이 돌아오고 억한 마음, 이기심을 일으키면 억한 기운이 돌아옵니다. 승속僧俗을 떠나 일찍 일어나는 분들이 가치 있는 삶을 이끌어 나가는 것입니다.

감사합니다

매일 새벽에 일어나 부처님 전에 나아가
예불, 기도할 수 있는 건강과 신심信心에
감사합니다.

나무본사'아미타불' 근본이 되는 스승,
아미타불을 칭념, 찬탄할 수 있는 인연에
감사합니다.

"수행의 완성은 보리심이다."라는 정신세계에
감사합니다.

백천만겁난조우百千萬劫難遭遇,
거친 파도와 같은 사바세계에서
부처님 법을 만나고 삭발염의한 제 자신에게
감사합니다.

스스로 깨닫는 부처님 공부

입동이 지났다고 하나 제주의 날씨는 겨울을 느끼기 어렵습니다. 한라산 정도는 올라가야 겨울을 느낄 수 있습니다. 그래도 의식 속에는 겨울이라는 정보가 입력되었고 그 옛날 어려운 시절 겨울나기가 주마등처럼 지나갑니다. 영하의 날씨 속에서 찬 도시락 먹으며 건설 현장에서 일한 세월도 있고, 영하 30도에 이르는 최전방에서 중무장하고 초소에 들어가 날밤을 지새운 세월도 있습니다. 연탄 값 걱정하며 겨울을 보낸 세월도 있습니다.

지금은 찬 도시락 먹을 일도, 겨울나기에 연탄 값 걱정할 일도 없습니다. 젊은 시절 척박한 환경을 극복하면서 비굴함과 인색함에 물들지 않고 건강하게 서 있는 지금의 제 자신이 고맙습니다. 그러나 반추해 보면 교육이라는 것은 잠시는 통하지만 결국은 천성대로 사는 것입니다. 저마다의 타고난 성품, 업을 인정한다면 부질없는 시비에서 벗어나 연민하는 마음을 일으킬 수 있습니다.

부처님 공부는 누가 가르쳐 주는 것이 아니고 스스로 깨닫는 것이며, 하나(나)밖에 모르는 사람에게 둘(나와 너)을 일러 주는 것은 아주 어려운 일입니다. 천박한 성품을 타고난 사람은 본인 스스로 천박한 행위인 줄 모르고 어렵게 온 사바세계를 부질없이 그렇게 살다 갑니다.

> 우리가 책에서 나온 대로 미세 망념까지 털어서 마음을 증명하기까지의 길은 참 머나먼 길입니다. 그러나 늘 이야기합니다. 마음의 고향 길이 멀더라도 포기는 하지 말자고.

세상이 나를 속일지라도

세상이 나를 속일지라도
슬퍼하거나 화를 낸다면 운명에 지는 것입니다.

세상이 나를 속일지라도
속지 말아야 합니다.

내가 겪어야 할 과정이고
곧 지나갈 비, 바람일 뿐입니다.

세상이 나를 속일지라도
마음을 열고 다 받아들여야 합니다.

겨울 찬 바람을 딛고 피는
매화꽃 향기가 그윽하듯이
기나긴 겨울을 딛고 일어선
사람의 향기가 멀리 오래갑니다.

나무아미타불
나무아미타불
나무아미타불

아침 일찍 일어나 일과를 "나무아미타불"로 시작합니다.

일찍 시작하는 일과가 삶을 윤택하게 합니다. 아침 일찍 시
작하는 수행이 하루를 풍요롭게 합니다. 꼭 나무아미타불
이 아니더라도 관세음보살도 좋고 광명진언光明眞言, 대비주
大悲呪 등 본인의 인연 화두를 선택하면 됩니다. 시간은 낼
수 있는 대로 20분도 좋고, 30분도 좋고, 다 좋습니다. 그리
고 낮에는 생업에 종사하면서 일어나는 진심瞋心, 탐심, 집
착을 "나무아미타불"로 회향하면서 틈틈이 생각나는 대로
속으로 이어 가시면 됩니다. 그리고 저녁에는 하루 일과를

회향하기 전에 잠시 시간을 내어 염불하면 됩니다. 잠들기 전 수행은 잠재의식이 밤새 돌아가는 것이고, 아침 일찍 수행은 한낮에 잠재의식 속에서 돌아갑니다.

그리고 삶 속에서 가진 만큼 나누고 살면 됩니다. 나눔, 보시와 함께하는 수행을 복과 지혜를 함께 닦아 가는 수행, 복혜쌍수福慧雙修라고 합니다. 행자行者가 반드시 지켜야 할 덕목이 보시이며, 보시 없는 수행은 나날이 옹색해지는 쭉정이 수행입니다.

부처님 공부한다면 마땅히 늘 선한 마음을 일으켜야 합니다. 선한 마음을 일으키면 선한 경계가 메아리로 돌아오고 억한 마음을 일으키면 억한 경계가 메아리로 돌아옵니다. 다겁생에 물든 마음인지라 막상 현장에서는 억한 마음이 일어나기 쉽습니다. 그래서 "나무아미타불"로 회향하는 것입니다.

옛글에 나무아미타불은 마니보주와 같아서 마니보주가 탁한 물을 정화시키듯 "나무아미타불" 염송은 물든 마음을 정화한다고 했습니다.

우리가 하루 두세 끼 먹으면서 숫자를 잊고 살듯이, 수행도 지어 가면서 세월을 잊고 하는 것입니다. 세월이 1년, 3년, 5년, 10년 가면서 점점 염불 간격 좁아지고, 깊어 가면서 망상과 모서리는 떨어져 나갑니다.* 망상과 모서리가 떨어져 나간 자리에는 원력과 자비심으로 채워집니다. 원력과 자비심이 나날이 커 가며 이웃과 더불어 행복하고 풍요로워집니다.

사바세계에서는 재물이 많아야 풍요로운 것이 아니라 마음이 비워져야 풍요롭습니다. 그래야 이 몸 벗을 적에 가장 힘들다는 죽음의 공포에서 벗어나 떠나는 발길이 가볍습니다. 떠나는 발길이 가벼워야 머나먼 극락세계에 도달하는 것입니다. 결국은 사바세계에서 "나무아미타불"로 장엄하는 것이 극락세계를 장엄하는 것입니다.

나무아미타불
나무아미타불
나무아미타불.

* 염불이 좁아진다는 것은 행주좌와에 한 시간에 한 번 올
라오는 "나무아미타불"이 30분, 10분, 5분으로 간격이 좁
아지면서 염념상속念念相續이 된다는 뜻입니다. 염불이 깊
어진다는 것은 생각으로 건성으로 하는 염불이 마음속
깊은 의식으로 파고들어 간다는 것이며, 내면으로 염불
이 파고들 적에 비로소 행위가 바뀝니다. 즉 언행일치,
입과 몸이 일치된다는 것입니다.

10분만이라도 정진한다면

다리를 포개고 허리를 세워서
천천히 들숨과 날숨을 한 후
들숨을 깊게 하면서
가슴으로 온 중생을 끌어안으며

"일체중생의 고통을
다 거두어 주겠습니다."
이 만트라이자 진언이자 서원을
10분만이라도 정진한다면
공덕은 무량합니다.

"일체중생의 고통을 다 거두어 주겠습니다."
이 한생각이 일체중생을 용서할 수 있고
일체중생에 연민심을 일으킬 수 있고
나의 다겁생의 업을 녹일 수 있는 것입니다.

나이 듦에 대하여

예전에 이천 평 도량에 불사佛事 크게 하고 홀로 지내시는 어른 스님 절에 방문한 적이 있습니다. 절 마당에 묵은 잡풀들이 수북했습니다. 지나가는 말로 "스님 풀 뽑기 힘드시면 제초제라도 치시죠." 하였더니 "나이 칠십이 넘으니 손하나 까딱하기 싫네."라고 말씀하셨습니다. 먼 이야기가 아니고 조만간 저에게도 닥칠 일입니다. 사바세계 태어난 중생치고 생로병사에 해당 안 되는 중생이 어디 있겠습니까.

마음은 강건하다고 해도 몸은 늙어 감을 피부로 느낍니다. 젊은 시절에 비하면 지금은 호텔 생활인데도 저녁에는 피곤함을 느끼고 소소히 병원에 갈 일도 생깁니다. 세속에서도 늙으면 작은 집으로 가야 한다고 하듯이 저도 이제는 조촐한 작은 토굴로 갈 때가 되었다 생각합니다. 젊은 시절부터 마음속에 담아 둔 '산중에 들어가 초가삼간 짓고 농사지으며 도나 닦자.'라는 생각을 현실화할 때가 되었습니다. 속에서 올라오는 한생각은 전생의 원력, 습관입니다.

이 자리에 있는 것도 다겁생의 인연이 아니면 있을 수 없고 결국에는 홀로 정진하면서 살 것인데, 그동안 망상 속에서 동가식서가숙하면서 지낸 것입니다. 지난 세월에 후회는 없습니다. 중생이기에 스스로 몸으로 부딪치면서 망상 털어 가며 깨달아야 온전히 자기 것이 되는 것이지, 남이 대신 깨달아 주는 것은 없습니다.

이름난 스펙 수행은
이 몸 벗을 적에는 아무런 도움이 되지 않습니다.
진실로 집착을 끊어야 떠날 적에 발걸음이 가볍습니다.

뼛속까지 '독고다이' 기질, 마지막까지 손수 공양 해결하며 정진하고 지내다 근력이 다하면 단식으로 가면 되는 것입니다. 마지막 떠나는 길, 법우님들의 "나무아미타불" 염송으로 전송받으며 떠난다면 그보다 더 큰 복은 없을 것입니다.

새벽,
가장 환희심이 일어나는 시간

2시 40분.
새벽에 일어날 수 있는 건강에 감사합니다.

3시.
부처님 전에 예불, 부처님 명호를 칭념하며
부처님 무량공덕을 찬탄하고 회향할 수 있는
신심에 감사합니다.

4시 40분.
들숨과 날숨에 따라 마음으로 일체중생을 끌어안으며
일체중생의 고통을 다 거두어 주겠습니다.

가장 위에 있는 정신세계(보리심)를 거짓 마음이라도
일으킬 수 있는 마음에 감사합니다.

새벽
가장 소중한 시간
가장 아름다운 시간
가장 환희심이 일어나는 시간.

새벽 정진 살림살이로
하루를 살고 백 일을 살고 천 일을 살고
남은 생을 회향하는 것입니다.

사바세계에서 만난
가장 큰 스승

점심 공양을 마치고 오후 일과를 시작하기 전에 늘 원두커 피 한 잔을 마십니다. 새벽기도 끝내고 오전 일과 시작하기 전에 마시는 한 잔을 더해, 하루 두 잔이 기본입니다. 며칠 전부터 원두커피 간식은 신도분이 가져온 부채과자입니다.

커피 한 잔과 부채과자에 마음은 먼 과거로 돌아갑니다. 어 린 시절, 큰누나가 월급날 퇴근길에 사오던 부채과자. 유일 한 간식거리였지요. 큰누나 월급날이 오기만을 눈 빠지게 기다렸는데….

사바세계에 와서 수많은 스승을 만났지만 가장 큰 스승은 가난을 가르친 부모님과 마음의 빛 "나무아미타불"을 일러 주신 은사 스님입니다.

가난 속에서 가장 큰 공부는 일찍 현장에서 생존 능력을 배운 것입니다. 또래들은 학교에서 공부할 시기에 삶의 현장에서 저임금 노동을 익혔습니다. 이후에 진학의 한을 다양한 독서로 풀었습니다. 요즘 젊은 사람들에게 "젊은 시절 고생은 사서도 한다."라고 하면 욕먹을 짓이겠지요. 하지만 저에게는 젊은 시절 일찍 삶의 현장에서 몸으로 익힌 노동, 근면, 인욕忍辱, 검소가 나이 들수록 큰 자산이 되었습니다.

나의 가장 큰 자산은 "보릿고개를 겪어 보았다"는 것입니다. "스님, 기도와 손수 공양까지는 할 수 있는데 울력까지는 못 하겠습니다." "다른 것은 다 할 수 있는데 공양만은 공양주에게 부탁해야 될 것 같습니다." 객승이 무주선원에 머물고 나서 했던 말들입니다. 무주선원 천여 평의 도량을 혼자서 헤쳐 나갈 수 있는 내공은 젊은 시절 몸으로 익힌 노동과 근면, 인욕 덕분입니다.

청화淸華 큰스님께서는 수행자의 모습도 철저히 보여 주셨지만, 그분의 제자로서 염불, 법문 들은 것을 저는 일대사 인연, 가장 큰 인연으로 생각합니다. 행자 첫날부터 "나무아미타불" 인연이 나무아미타불과 함께 깨어나고 잠들면서 마음을 다독거리며 익혀 나가는 것입니다. 세속에서는 노동으로 몸을 익혔다면 절집에서는 "나무아미타불" 염불로 부처의 마음을 익혀 나갔습니다.

자비무적慈悲無敵이라고 사바세계 가장 큰 마음은 자비심이며, 가장 큰 자비심은 일체중생과 더불어 성불하는 것[自他一時 成佛道]입니다. 다시 말하면 잘난 사람, 못난 사람 모두 타성일편打成一片! 용서하며 더불어 살아가는 것입니다. 아, 이 마음을 깨닫는 데 참 오랜 세월이 걸렸습니다.

찬 바람과 함께 11월이 돌아옵니다. 인생의 위대한 스승, 어머니와 은사 스님 기일忌日이 다가옵니다.

인因과 연緣

모든 존재와 현상은 인因과 연緣의 조합이며, 그 또한 무상입니다. 한번 떨어진 씨앗은 언제든 물과 온도 등 조건만 맞으면 발아하는 것이고, 이 또한 항상恒常인 것은 아닙니다.

> 비 오면 비 오는 대로, 바람 불면 바람 부는 대로 인과 연의 조화를 묵묵히 받아들이며, 몸과 마음으로 선한 인을 심는 것이 수행입니다.

사바세계에 가장 좋은 인은 자비심입니다. "나무아미타불" 이 자비심을 키우고 서로 끌어당깁니다. 가장 빠른 수행길이 자비심을 지니고 수행하는 것입니다.

꽃과 나무 이야기

무주선원에 있는 꽃과 나무들은 다 주인장의 간택을 받고 도량에 들인 것인데, 나름 주인장의 망상에서 나온 것입니다. 제주 자성원에 처음 내려왔을 적에 금잔옥대 수선화가 화려하게 핀 것을 보고 무주선원 개원하자마자 자성원에 건너가 얻어다 심었습니다. 순천 선암사 갔을 적에 도량에 남천 붉은 열매를 보고 감동받아 남천을 심었고, 전남 곡성 관음사라는 절에서 잠시 기도할 때 은목서 흰 꽃이 온 도량을 향기로 장엄하는 것을 보고 감동받아 은목서도 심었습니다.

그러나 주인장의 기대와 달리 꽃은 피는데 예전에 본 그대로는 아닙니다. 수선화는 같은 제주도에서 동쪽과 서쪽 차이인데도 자성원같이 꽃이 풍성하지 않고 마지못해 피는 수준이고 남천이나 은목서도 열매나 꽃이 영 아닙니다.

바다 건너 제주도는 사람도 적응하기 힘들지만, 꽃과 나무들도 적응하기 힘든 곳인가 봅니다. 앵두나무, 살구나무도 바람에 견디지 못하고 쓰러졌습니다. 꽃과 나무도 고향이 있는 것이겠지요. 아무 데나 적응하고 잘 사는 꽃과 나무도 있지만, 고향 땅에서 자라야 얼굴빛이 좋은 꽃과 나무도 있습니다. 주인장의 욕심으로 객지에서 고생 좀 하는 것이지요.

꽃과 나무들은 고향 땅에서 살아야 하지만, 사람은 고향을 떠나야 발전합니다. 고향을 떠나 산 넘고 물 건너 넓은 세상과 다양한 사람들을 겪어 봐야 몸은 고단해도 나를 바로 볼 수 있기 때문입니다. 그러한 과정을 거쳐야 배려하는 마음도 생기고 안목도 넓어집니다.

마지못해 피는 은목서를 바라보면서 "고생이 많구나." 하는

미안함과 주인장의 역마살은 대체 언제쯤 멈추려나 하는
생각이 동시에 일어납니다.

도 道

만물에 정성을 다하는 것이 수행이자 도道입니다.
만물에 이익이 되게 하는 것이 수행이자 도입니다.
마음 밖에서 찾지 않는 것이 수행이자 도입니다.

만물에 정성을 다하고
만물에 이익이 되게 하며
항상 마음의 그림자를 살피는 것이
수행이자 도입니다.

금생은 전생의 습관으로
사는 것입니다

그 옛날 어린 시절 수천 권의 만화를 독파하고 남은 한 컷 "눈 덮인 깊은 산중에 고깔모자를 쓰고 있는 수행자." 그 옛날 헌책방에서 구입한 국어사전을 첫 장부터 마지막 장까지 읽고 남은 한 구절 "모래 먹는 나한." 이십 대 들어와 막연히 올라온 "산중에 들어가 농사지으며 도道나 닦자."라는 한생각. 그리고 현재 이 자리에 있는 나를 바라보면서 '전생은 확실히 있고 나는 전생에도 이렇게 '독고다이'로 수행하고 살았을 것이다.'라는 생각이 듭니다.

심리학자들도 버릇은 고치기 힘들다고 말합니다. 데이비드 호킨스 박사 역시 전생 습관을 금생에 바꿀 수 있는 확률이 5% 정도밖에 되지 않는다고 이야기했지요. 다시 말하면 금생에 아무리 노력해도 고작 5% 정도의 영적 진전이 가능하다는 것입니다. 부처님 당시에 아라한과를 얻은 성자가 공양하면 꼭 되새김하였는데, 전생에 소牛였기 때문이었습니다. 아라한과를 얻은 성자도 전생의 습관을 온전히 털기가 힘든데 범부凡夫는 어떻겠습니까. 결국 금생은 전생의 습관으로 사는 것입니다.

시를 쓴다는 한 독자가 『미타행자의 편지』 단행본을 읽고 전화를 주셨습니다. 전문가 수준의 글솜씨라고 감사한 칭찬을 해 주셨지요. 금생은 가방끈도 짧고 블루칼라 출신이라 글 쓰는 것을 제대로 배우지 못했으니, 아마 전생에 문인文人이었기에 이렇게 글도 쓰고 책도 내는 것이 아닐까 생각합니다.

이름뿐인 비구승, 거친 행위로 승가僧伽에 누累가 되는 이들을 바라보면서 온전한 비구승 되는 것도 몇 생이 걸리겠구나 생각합니다. 어느 조직이고 주인과 나그네가 있는데 승가에는 나그네가 좀 많은 편이구나 하고 받아들이면, 다 이해되고 연민하는 마음이 일어납니다. 잘못된 습관, 업業, 카르마karma를 금생에 녹이고 본래 깊이 매몰되어 있는 자성청정심을 드러내는 것이 수행입니다.

> 실낱같은 인연으로 만난 부처님 인연. 우리
> 가 전생이 있기에 금생이 있는 것입니다. 그
> 리고 다음 생도 있기 때문에 금생의 잘못된
> 습관, 업을 다독이며 계행도 지키고 보시하
> 며 살아야 합니다.

잘못된 습관, 업業의 근원은 간탐심이고, 이 간탐심을 녹이
는 것은 "보시"가 제일입니다. 보시를 재물로 하면 한계가
있지만, 마음으로 하면 끝이 없습니다. 마음으로 하는 보시
가 자비관 수행입니다. 자비관 수행은 부처님께서도 권한
수행법입니다. "일체중생이 고통을 여의고 행복하십시오."
하는 한마음, 한생각이 나의 간탐심을 녹이고 일체중생에
게 자비심이 미친다는 소신입니다. 마치 지진이나 화산이
일어나면 온 지구에 영향을 주듯이, 좋은 마음이든 억한 마
음이든 삼라만상에 서로 영향을 주고받는 것입니다.

자비심을 일으키는 끝없는 반복 훈련을 통해 내면에 파고
들면 그 깊이만큼 행위로 드러납니다. 당장 성취는 없더라

도 다만 포기하지 않고 이어 간다면 진실한 마음이 우러납니다. 다겁생의 잘못된 습관, 업을 녹이다 보면 언젠가는 꼭 성취할 수 있을 것입니다.

보리심의 완성이
수행의 완성입니다

사시기도 끝내고 법당을 나서는데
환희심이 밀려옵니다.

사바세계 와서
그 기나긴 보릿고개 시절을 잘 넘기고
말년에 부처님 전 손수 공양 지어 올리며
참회와 발원으로 회향하는
제 모습에 감사합니다.

보릿고개를 헝그리 정신으로 회향하였고
그 헝그리 정신을 법당에서 보리심으로 회향합니다.

기도는 의식儀式 수행입니다.
의식 속에는 참회와 발원,
원願 보리심과 행行 보리심이 다 들어 있으며,
보리심의 완성이 수행의 완성입니다.

아름답고 우아하게

유튜브에서 일본 농촌 마을에 모두가 떠나고 단 한 사람만 사는 곳을 우리나라 지방신문사에서 찾아가 인터뷰한 것을 보았습니다. 지방에 인구 감소가 심각해지자 일본 실정을 보러 간 모양입니다. 인터뷰를 한 이는 여든이 넘은 노보살 이었습니다. 예전에는 활기찬 마을로 아이들도, 가구 수도 꽤 되었으나 지금은 다 떠나거나 죽고 혼자만 남았다고 담 담히 이야기했습니다. 손주가 있냐고 기자가 물으니 아들 하나 있는데 아들이 결혼을 안 해 손주도 없다고 했습니다. 우리나라도 손주 없는 노보살님들이 꽤 되지요. 연금으로 생활비는 해결하고 외출은 면사무소에 예약해 놓으면 차 량 지원도 받을 수 있다고 합니다. 이어 면사무소 가서 담 당 공무원과 인터뷰를 했는데 그의 말이 예전에는 인구 감소를 해결하려고 정착비도 지원했지만, 지방재정만 악화될 뿐 효과는 없어, 이제는 "아름답고 우아하게 소멸하자."라는 정책으로 바뀌었다고 합니다.

일본이나 한국이나 인구 감소와 농촌 소멸은 기정사실이고 소소한 정책으로 뒤집을 수 없는 현실입니다. 남은 사람들의 말대로 아름답고 우아하게 소멸하는 것이 정답입니다.

> 우리 인생도 마찬가지입니다. 태어난 것은 반드시 죽는 것이 기정사실인데 말년에 목숨을 연장하려고 헐떡이는 것보다 "아름답고 우아하게" 가는 것이 다시 사바세계 돌아올 적에 좀 더 성숙해서 오는 것입니다.

제 주변 지인들도 하나둘 떠나기 시작했습니다. 이번에 원적圓寂하셨다는 연관然觀 어른 스님은 실상사 시절 한 도량에서 지낸 인연이 있습니다. 당시 제가 비구계를 막 받았는데도 꼭 공대恭待하시며 기도 중인 저에게 염불수행에 대해서 조언도 해 주셨습니다.

예전 어른들은 떠날 적에 곡기를 끊고 떠났습니다. 떠날 적에 곡기를 끊어야 사바세계 몸뚱이 반납할 적에 깨끗하고, 마음도 원망이나 미움도 없는 빈 마음이 된다고 합니다. 마지막으로는 탐진치를 녹여서 간다고 합니다. 아마 단식해 보신 분들은 아실 것입니다. 모든 욕欲은 식탐으로부터 시작한다는 것을.

연관 어른 스님께서도 마지막에는 모든 연명치료를 거부하고 곡기 끊고 물까지 끊고 가셨다고 합니다. 참 "아름답고 우아한" 사바세계의 마지막 모습입니다. 저도 사바세계를 떠날 적에 곡기 끊고 "나무아미타불" 염불로 전송받으며 떠나는 것이 원願입니다.

가장 귀한 시간

일찍 일어나
정성을 다하여 부처님 명호를
칭념하는 시간이
하루 일과 중 가장 귀한 시간입니다.

좌복坐服에 앉아 마음을 비우고
들숨과 날숨에 따라 일체중생의 고통을 거두고
자비심을 방사하는 자비관 수행.
나의 업을 녹이며 사바세계를 정화하는
하루 일과 중 가장 소중한 시간입니다.

부처님 명호를 칭념하고 자비심을 일으키는 수행을
하루 20분만이라도 정성을 들인다면
그 공덕으로 하루 일과를 원만히 회향할 수 있고
원만 회향하는 한 방울의 하루 일과가 모여서
마음을 증명할 수 있는 자량資糧이 되는 것입니다.

또 한 해가 저물어 가고…

12월 또 한 해가 저물어 가고 있습니다. 다음 달 나이테 하나가 늘어나고 그만큼 늙겠지요. 어느 분이 말하기를 육칠십 대가 인생의 가장 황금 시기라고 합니다. 좌충우돌하는 젊은 시절을 넘어 인격적으로 가장 완성되는 시기, 비난과 칭찬에 흔들리지 않고 무엇을 해도 법에 어긋나지 않는 시기입니다.

새벽 정진을 끝내고 나니 감사와 만족감이 밀려옵니다. 젊은 시절에는 부잣집에 태어나는 것이 큰 복인 줄 알았는데, 나이 들어 보니 젊은 시절에는 고생 좀 해야 인욕도 익히고 안목도 넓어지는 것 같습니다. 말년에는 건강한 것이 가장 큰 복입니다. 젊은 시절의 억울함과 원망하는 마음, 이기심, 날 선 마음을 부처님 전에 내려놓고 염불과 자비관 수행으로 회향하는 나 자신이 감사하고 만족스럽습니다. 오히려 젊은 시절의 척박한 환경이 지금 어렵고 힘든 사람들을 위해서 기도하고 연민심을 일으킬 수 있는 마음의 퇴비가 되지 않았나 싶습니다.

청화清華 큰스님께서 염불수행을 간결하게 정리해 주셨습니다.

> "처음에는 도道를 이루기 위해 염불한다네.
> 도를 이루어서는 중생을 위하여 염불한다네."

고통받는 이웃을 위해서 더 나아가 일체중생을 위해서 마음을 일으킨다면, 망상을 쥐고라도 거짓이라도 중생을 위해서 염불한다면, 이미 도를 이룬 것이고 언젠가는 증명할 것입니다.

3

매사에 정성을 다하는 것이
도이며 수행입니다

나의 원불은
관세음보살입니다

나의 원불願佛은 관세음보살입니다.
관세음보살과 같은 삶을 살고 싶어서
변방 제주도 옛 토성 자락에 조촐한 도량을 세우고
연못과 온갖 꽃과 나무로 장엄했습니다.
백의관음을 상징하는 흰색 건물 법당에는
관세음보살 한 분을 모셨습니다.

관세음보살님이 아미타불을 정대하고
아미타불의 무량공덕을 찬탄하면서
천 개의 눈과 천 개의 손으로
일체중생의 고통을 거두어 주듯이

저 또한 때 묻은 마음이라도
서서는 목탁을 두드리며 아미타불의 무량공덕을 찬탄하고
앉아서는 다리를 포개고 허리를 세우고 자비심을 일으켜
눈으로 보고 귀로 들은 이웃의 고통을 낱낱이 관상하면서
"모든 이들이 고통을 여의고 행복하시길…."

들숨과 날숨에 한 번 더 마음을 끌어 올리며
들숨에 가슴을 열고 일체중생의 고통을 품어 안으며
"일체중생의 고통을 제가 다 거두어 주겠습니다."
날숨에 낱낱이 자비심을 방사합니다.

거짓 마음이라도 부처의 마음을 지어 나가면
언젠가는 증명하리라는
금타金陀 스님의 법문을 명패銘佩로
다만 포기하지 않는 마음으로 지어 갑니다.

수행자의 하루 일과

4시 20분.

새벽기도 끝내고 환희심으로 원두커피 한 잔 마시는 시간입니다. 2시 40분에 일어나 3시부터 일과 시작, 4시 15분에 새벽기도 마치고 방에 들어오는 시간이 4시 20분입니다.

2시 40분에 일어날 수 있는 신심과 건강에 감사하고 이른 새벽 시간에 목탁 쥐고 부처님의 무량공덕을 찬탄할 수 있는 인연에 감사합니다. 출가사문이면 당연한 것 같지만 사실 홀로 살면 흔한 일은 아닙니다.

12시.

새벽기도, 좌선 한 시간 후 6시 아침 공양하고 인터넷에 자료 올리고, 8시에 108배와 송주誦呪, 좌선, 사시기도까지 마

치면 11시 반. 이어 점심 공양 마치고 방에 들어오는 시간
이 12시입니다. 오전 일과의 원만 회향을 자축하는 의미와
오후 일과 에너지를 충전하기 위해서 새벽보다는 좀 더 여
유롭게 원두커피 한 잔을 마십니다. 빡빡한 오전 일과를 모
두 마치고 한숨 돌립니다. 하루를 다 산 기분입니다. 공식
적으로 남은 일과는 저녁기도뿐.

특별한 일이 아니면 오후 정진은 마당에서.
제주도는 겨울에도 검질을 매야 하고 날씨가 더워지면 물
도 주고 잡풀도 뽑아 줘야 합니다. 마당에서 매일 두세 시간
은 버티고 있어야 원만하게 돌아갑니다. 그동안의 울력 공
덕으로 도량은 나날이 풍성해집니다. 작년보다 모란도 더
많이 피었고 아이리스와 작약도 꽃봉오리가 더 많이 맺혔
습니다.

> 부처님이 장엄한 극락세계는 울력이 없지만
> 중생이 만든 극락도량은 끊임없는 울력입니다.

기도정진과 울력 일과, 양념으로 원두커피 두어 잔.
무주선원은 나의 분신이며 나만이 할 수 있습니다.

나답게 세상 가꾸다 미련 없이 사바세계 떠나면 잘 왔다 잘
가는 것입니다.

그러나 떠나는 날은 부처님만이 아시겠지요.

나무아미타불이 익어 가면서

약한 불에 오래 익힌 음식이 깊은 맛을 내듯이, 수행도 마찬
가지입니다. 어떠한 수행이든 오래오래 익혀 가야 합니다.
비 오면 비 오는 대로, 바람 불면 바람 부는 대로 본인이 정
한 법法을 가슴에 품고 비, 바람에 흔들리지 않고 나아가는
것입니다. 옛글에 인욕의 갑옷을 입고 나아가라고 하였습
니다.

"나무아미타불"이 익어 가면서
자나 깨나 염불이 마음속에서 일어납니다.
"나무아미타불"이 익어 가면서
타성일편 한 조각 아미타불만 남고

"나무아미타불"이 익어 가면서
보이는 사바세계가 순해 보이고
"나무아미타불"이 익어 가면서
집착과 망상이 하나둘 떨어져 나갑니다.
"나무아미타불"이 익어 가면서
집착과 망상이 떨어져 나간 자리에
용서와 자비심으로 채워집니다.

저 깊은 의식 속에 있는 자비심이 깨어나면서 무한한 행복감을 느끼며 일보 전진하는 것입니다. 부처님의 육성과 같은 『숫타니파타』에는 자비심으로 온 우주를 감싸라는 글이 있습니다. 두두물물頭頭物物이 아미타불의 화신化身으로 통찰洞察될 때까지, 온 우주를 자비심으로 채울 때까지 쉼 없이 염불공덕 지어 가는 것입니다.

진흙 속 연꽃

바람결 들리는 말이 어느 절 주지 스님은 절 종무원에게 반말은 기본이고 거칠게 대하기에 종무원 얼굴이 자주 바뀐다고 합니다. 사람의 인격은 약자를 대하는 것에서 나타나는 법인데 소인배가 분에 넘치는 자리에 있으면 이렇게 천하게 삽니다.

예부터 절집에서는 "용과 뱀이 어울려 사는 곳이다."라는 말이 있습니다. 다들 그 속에서 정진하며 성취하셨다고는 하지만, 이런저런 절집의 불편한 이야기를 들을 적마다 제가 미안한 생각이 듭니다.

"흙탕물 속에서 물들지 않고 향기 나는 아름다운 꽃을 피우는 연꽃."

전 요즘 진흙 속 연꽃을 자주 생각합니다. 흙탕물 속에서 물들지 않고 연꽃을 피우기 위해 보이지 않는 곳에서 정진하는 분들이 계십니다. 호남의 어느 어른 스님은 10년 폐관수행閉關修行에 들어갔다고 하고, 한 도반 스님은 아직까지 일종식에 가행정진加行精進 한다고 합니다.

모든 것이 풍요로운 시절에 편안함과 물질적 풍요에 물들지 않고 사바세계를 정화할 꽃을 피우기 위해 애쓰는 분들이 있습니다. 이런 분들에게 위안을 삼고 제 자신을 경책합니다.

복과 지혜

박복한 삶에는 박복한 말년이 기다리고 있고
후덕한 삶에는 후덕한 말년이 기다리고 있습니다.

박복한 삶이란
이기심으로 가득한 삶이며
후덕한 삶이란
이타심으로 가득한 삶입니다.

입으로는 부처님 명호로 무량공덕을 찬탄하며
마음으로는 부처님의 무량공덕을 일체중생에 회향한다면
행위는 자연스럽게 따라가며
복과 지혜가 함께하는 삶이 됩니다.

복만 있는 삶은 반쪽 삶이며
지혜만 있는 삶도 반쪽 삶입니다.
복과 지혜가 구족具足할 적에 비로소 완성된 삶입니다.

다름의 행복

우리가 살아가면서 "생각이 다름"을 인정하면 부질없는 망상에서 벗어나 행복할 수 있습니다. 뇌 과학자들이 말하기를, 하늘의 별보다 많은 뇌세포들이 미세한 전기를 일으켜 서로 정보를 주고받는 것이 "생각"이라고 합니다. 과학적으로도 사람마다 똑같이 생각하기가 쉽지 않다는 것이지요. 절집 말로 하면 다겁생을 살아오면서 업이라는 아뢰야식阿賴耶識에 저장된 정보가 제각각이기에 생각하고 행하는 것이 각각등보체各各等保體일 수밖에 없는 것입니다.

보통 나와 생각이 다르면 적대시하거나 내 생각을 강요하다가 자신도 힘들어지곤 합니다. '그렇게도 생각할 수 있구나.' '다른 것이 당연하지.'라고 마음을 돌리면 편합니다.

"보여 주는 모습이 다양할지라도 근본은 부처이니 부처로 보고 부처로 대하라." 이것이 대승의 가르침입니다.

저도 세월 속에서 다름을 인정하려고 생각을 많이 돌렸고 나의 잣대로 남을 재지 않으려고 노력합니다. 남은 세월은 그저 묵묵히 도량 가꾸며 정진하면서 살자 하고 생각을 접으니 마음도 편하고 시간도 절약됩니다. 어느 분이 덕담으로 "스님! 이제는 스님과 똑같은 상좌上佐 두어서 같이 도량 가꾸고 사시지요." 하시는데, 저하고 같이 정진하며 도량 가꿀 도반이나 상좌를 찾는 것보다 제가 성불하는 것이 더 빠를 것 같습니다.

목숨이 다할 때까지

"나무아미타불" 염불을
목숨이 다할 때까지 염송하겠다는
서원을 세우면 절반은 성취한 것입니다.

구구순숙久久純熟
"나무아미타불"을
오래오래 익혀 나가면
부질없는 걱정거리가 녹아 없어지고
모난 성격의 모가 떨어져 나가며
옹졸한 마음이 넓어지고
인색한 마음이 녹습니다.

타성일편打成一片

한 조각 "나무아미타불"만 남습니다.
또한, 사바세계에
기쁨과 즐거움이 가득합니다.

그리고 마지막,
사바세계의 가장 큰 고통이라는
죽음의 고통으로부터 벗어나
극락왕생하는 것입니다.

사바세계 와서 잘한 일

어려운 시절, 하루하루가 힘들고 길게만 느껴지던 시절도 지금 돌아보면 잠시였고 어느덧 한 생이 저물어 갑니다. 지나온 길을 반추해 보면 어려운 시절을 잘 극복한 것 같습니다.

사바세계 와서 가장 잘한 것은 결혼하지 않은 것입니다. 요즘에야 결혼이 선택이지만 우리 세대는 결혼이 필수였습니다. 연탄불로, 석유곤로로, 가스 불로 손수 공양 해결해 가며 버틴 것입니다.

두 번째로 잘한 것은 당시로는 늦은 나이지만 출가한 것입니다. 출가와 함께 부정否定을 긍정肯定으로 대전환하는 삶의 혁명이 일어났습니다. 부정을 녹여 긍정으로 돌리며 마음의 평정과 행복감을 느끼고 영성靈性은 한 걸음 더 전진할 수 있었습니다.

마지막으로 회향하는 마음입니다. 내 수행공덕이 중생의 행복으로 회향되길 발원하면서 모자라면 모자란 대로 부족하면 부족한 대로 정성을 다하여 하루 일과를 기도와 자비관으로 회향합니다. 틈틈이 마당 나가서 도량도 가꾸고 은사 스님 법어집도 정리하여 법공양 출판도 합니다.

> 도道는 정성과 같은 말이고 매사에 정성을 다하는 것이 도이며 수행입니다. 그 정성이 나와 이웃을 행복하게 할 수 있습니다. 수행이 깊어지면 정성 또한 순수해지고 살림살이는 행위로써 드러납니다.

그러나 나의 행위를 보면 화도 남아 있고 간탐심도 남아 있습니다. 수행은 삼독심을 녹여서 보리심으로 회향하는 것인데, 다겁생을 넘어 다니며 정성을 들여야 합니다.

우리가 사바세계 떠날 적에는 형상으로 되어 있는 것은 다 놓고 마음, 오직 마음 하나 가지고 갑니다.

새벽 정진,
가장 행복한 시간

4시 15분. 새벽기도를 끝내고 방에 들어와 커피 한 잔을 마시는 시간입니다.

> 오늘도 새벽에 일어났다는 행복감, 하루 일과의 첫 단추인 새벽기도를 원만 회향하였다는 행복감, 그리고 직접 내린 원두커피 한 잔의 행복감까지 더해 하루 중 가장 행복한 시간입니다.

출가사문이 부처님 은혜와 시주 은혜로 살아가는데 새벽에 일어나 부처님께 예를 올리고 시주자를 위하여 축원하는 것이 기본이지 하는 마음으로 새벽기도와 정진을 생명으로 생각합니다. 이어 커피 한 잔 하고 다시 법당으로 가서 자비관 한 시간. 어렵고 고통받는 이들을 위하여 낱낱이 자비심을 방사하고 원력을 다지는 시간입니다. 나의 자비관으로 고통받는 이들이 얼마나 고통에서 벗어날지는 모르나 나 자신은 자비관으로 온몸과 마음을 샤워하는 것 같습니다.

새벽 정진에서 충전된 맑은 에너지로 하루 일과를 헤쳐 나갑니다. 한낮 일과 중 오염된 몸과 마음을 저녁 9시 와선臥禪으로 녹이고 새벽 2시 40분에 다시 깨어나는 반복 일과. 예전에는 조금 늦은 시간까지도 버텼는데 언젠가부터 9시가 되기 바쁘게 와선입니다. 저녁에 잘 쉬어야 새벽에 일어나기 쉽다는 사실을 깨닫고 새벽 정진을 위하여 잠이 안 오더라도 눕는 것을 원칙으로 합니다.

손수 끓여 먹는 라면

무주선원 일과는 변함이 없습니다.

대중처소처럼 2시 40분에 일어나 시간 지켜 가면서 일과를 보냅니다. 오전 정진, 오후 울력, 법공양 출판 준비 등 일과가 빡빡한데 제가 보아도 시간 아껴 가며 잘해 나가고 있습니다. 이런 일과가 하루 이틀이 아니고 출가 이후 계속 지켜온 것인데, 새벽에 일어날 적마다 제 자신이 대견스럽고 고맙습니다.

그 옛날 어린 시절 눈칫밥 먹다가 홀로 서울 올라와 연탄불에 김치도 없는 라면으로 끼니 해결하면 그렇게 마음이 편하고 행복할 수 없었습니다. 이 세상에 가장 맛있고 깨끗한 음식은 "손수 끓여 먹는 라면"입니다. 간단한 것도 남의 손에 의지하려면 정치와 당근이 필요한 것이 사바세계 이치인데, 손수 연탄불에 끓여 먹는 라면은 정치와 당근이 조금도 필요하지 않기 때문입니다. 마음 그림자 없이 한 끼가 해결되니 이보다 더 청정한 음식은 없다는 진리를 터득했습니다. 바람막이 없는 서울 객지 생활을 하나부터 열까지 모두 스스로 해결하면서 생존하는, 이 '독고다이' 삶이 저의 운명이자 기질입니다.

"손수 끓여 먹는 라면" 철학과 가풍은 현재도 여전합니다. 홀로 정진하면서 손수 공양 지어 부처님 전에 올리고 설거지하고 세탁기 돌리고 예초기 돌리고 검질매고 법공양 책 손수 포장해서 우체국 다녀오고. 하나부터 열까지 혼자서 헤쳐 나가며 망상 없이 하루 일과 잘 보내고 있습니다.

> 수행도 결국은 스스로 깨닫는 것이지, 누가 깨달아 주는 것은 없습니다. 법신法身이 설법한다고 마음만 열면 온 사바세계가 다 스승이고 도반입니다.

업業을 녹이는 수행은 염불이나 좌선에만 있는 것이 아닙니다. 황야荒野에서 철저한 고苦를 겪고 일어나야 업을 녹이고 영혼을 맑힐 수 있는 것이며, 고에 지면 폐인廢人이 되는 것이고 극복하면 상인上人이 되는 것입니다. 같은 꽃도 온실에서 자란 꽃보다 노지에서 서리와 찬 바람을 맞고 자란 꽃이 향기도 짙고 오래갑니다. 고를 극복하고 나면 나를 놓게 되고 나의 수행으로 뭇 중생들에게 이익이 되겠다는 서원이 가슴으로 우러나, 비로소 반듯한 수행자의 삶을 가꾸어 나갈 수 있습니다.

나무아미타불 염송이 깊어지면서

"나무아미타불" 염송을 입으로 소리 내고
귀로 들으며 마음으로 새겨 나갑니다.

나무아미타불 염송이 깊어지면서
나무아미타불 염불 진동에 내 업장,
옹색한 마음과 부정적인 마음이 털어지며

본래의 자성청정심이
긍정적인 마음, 밝은 마음을 드러냅니다.

억울함이 용서가 되고
연민하는 마음이 일어납니다.

"나무아미타불"을 잊지 말고 포기하지 않고
목숨이 다할 때까지 염불공덕 지어 간다면

마지막 목숨이 다할 때
모든 장애障礙는 털어지고
아미타불을 친견하고 극락왕생하는 것입니다.

노년의 즐거움

새벽 정진을 끝내고 나니 환희심이 밀려오고 '말년에 헐떡거림 없이 이렇게 정진하면서 일과를 보내니 참 복된 삶이다.'라는 생각이 듭니다.

> 일과에 염불을 하든 좌선을 하든 끝나면 항상 환희심이 일어나고 즐겁고 행복합니다. 어린 시절, 젊은 시절의 고생이 주마등처럼 지나갑니다. 작게는 그 어렵고 힘든 시절의 억울함을 용서하고 나의 건방짐을 참회하며, 크게는 일체중생을 위한 자비관으로 회향합니다.

우리가 사바세계에 오는 것은 두 가지입니다. 하나는 원력

수생願力受生 전생의 원력으로 오는 것이고, 또 하나는 업력 수생業力受生 전생의 때 묻은 업 그대로 가지고 오는 것입니다. 금생에 원력 가지고 온 분은 원력으로 사는 것이고, 업력으로 온 분은 전생 업력으로 사는 것입니다.

원력으로 오신 분도 원력을 완성하기까지는 다겁생이 걸리는 것이고 업력으로 오신 분도 업력을 녹이는 데 다겁생이 걸리는 것입니다. 다들 나름 인연 터, 업력 터에서 정진하고 지내는 것인데 입 댈 것 없고 시비할 것은 없습니다. 저도 업이 있는 사람이라 구업口業을 짓고 돌이키고 합니다.

돌아보니 출가사문도 젊은 시절 거칠게 사신 분들 대부분이 말년이 옹색하고 초라한데, 자업자득입니다. 자기가 지은 업은 자기가 다 받는 것입니다. 넘어진 자 스스로 일어나듯이 업의 고리는 스스로 푸는 것입니다. 다만, 업을 녹이는 데 참 오랜 세월이 필요하구나 생각할 뿐입니다.

마음의 파동, 일체유심조

물리학자들도 현상이나 물질의 본질은
에너지의 파동波動이라고 합니다.
절집 말로는 마음의 파동이며,
일체유심조一切唯心造입니다.

"나무아미타불" 염송하면 긍정의 마음이 일어나는 것은
몸 세포에 긍정 에너지 파동을 일으키기 때문입니다.

농축된 긍정 에너지로
탐하는 마음, 성내는 마음, 어리석은 마음을 녹이고
이웃과 함께 행복할 수 있습니다.

이 삼독심을 지니고는 행복할 수 없으며
아집과 재물과 이름에 헐떡거리면서
"깨달았다." 하는 것은 사이비 깨달음입니다.
깨달음은 너와 나를 가르는 옹졸한 세계가 아닙니다.

깨달음의 세계는 절대 긍정의 세계이며
광명이 가득한 세계이며
자비심이 가득한 세계입니다.

가장 큰, 위대한 자비심은
일체중생과 함께 성불하는 것,
함께 행복해지는 것입니다.

그러나 "나무아미타불"만이
긍정의 마음과 에너지 파동을 일으키는 것은 아닙니다.
절집의 모든 수행법,『천수경千手經』에 나와 있는 진언,
부처님 명호도 다 똑같습니다.
다만 인연과 기질의 선택일 뿐입니다.

혼자여도 괜찮은 지금

토굴급 암자도 부처님오신날이 다가오니 분주했다가 이제
는 다시 일상으로 돌아왔습니다. 일상으로 돌아왔다고 해
도 한가한 것은 아닙니다. 인터넷에 자료도 올리고 법당에
세 번 들어가고 틈틈이 염불도 합니다. 오후에는 작업복으
로 갈아입고 "나무아미타불" 염불 틀어 놓고 마당에서 버티
기입니다. 날이 더워지면서 물주기 울력이 하나 더 추가되
었습니다.

혼자서 이런 하루 일과를 보내는 것이 몸은 힘들지만 마음
은 즐겁습니다. 도량에 심었던 어린나무 녹나무와 먹구슬
나무, 자귀나무는 제법 커서 그늘을 드리우고 수국도 빛을
발하기 시작합니다. 묘목 한 주 심은 것이 세월이 흘러 큰

공덕이 되듯이 "나무아미타불" 하는 공덕도 세월이 흘러 자신을 정화시키고 사바세계를 정화시키는 큰 공덕이 됩니다.

> 스님들도 각자의 인연과 역할이 있지요. 도량을 지키며 법당과 마당을 오가면서 일어나는 업장을 다독거립니다. 도량도 가꾸고 마음도 가꾸는 것이 나의 수행입니다. 땡볕에서 땀 흘리며 울력하는 것도 마음을 가꾸는 데 보약이 되었습니다.

신심과 건강 그리고 원력이 출가사문의 큰 자량인데 아직까지는 버틸 만합니다. 염불을 하든 좌선을 하든 울력을 하든 망상과 집착의 뿌리를 뽑아야 사바세계에서 행복할 수 있고 떠날 적에 발걸음이 가벼운 것입니다.

아, 문득 전생에 무슨 청복淸福을 지었기에 바다 건너 제주도 항파두리 토성 자락에서 홀로 이런 일과를 보내나 하는 감사한 마음도 일어납니다.

삶은 이미 설계되어 있는가

사바세계에 와서
내 삶이 마음에 들지 않을 적에는
언제나 과감히 갈아엎었습니다.

노련한 농사꾼이 기존 작물이 아까워도
계산이 안 맞으면 과감히 깔끔하게 갈아엎고
새 작물을 심듯이.

어린 나이에 고향을 떠나 서울에 올라옴이
첫 번째 갈아엎음이요,

천여 평 꽃농장을 정리하고 한 출가가
두 번째 갈아엎음입니다.

농사꾼이 갈아엎은 작물에 미련이 없듯이
저 또한 고향이나 세속에 미련은 없습니다.

그리고 마지막으로
한 번 더 갈아엎어야 할 때가 왔다는 생각에
마음의 준비는 되어 있습니다.

마지막으로 한 번 더 갈아엎어야
사바세계 제 마음에 들게
잘 왔다가 잘 가는 것입니다.

능소화와의 인연

그 옛날 군대 입대 전 같은데 남도南道를 여행하면서 시골집 담에 흐드러지게 핀 능소화를 보고, 집을 지으면 능소화는 꼭 심어야겠다고 다짐했습니다. 처사 시절에는 능소화를 심을 여건이 안 됐지만, 출가 이후에는 인연 닿는 도량마다 능소화를 심었지요. 태안사, 송광사, 성륜사, 자성원 등에 심어 놓았는데, 들리는 말로는 다들 잘 자라고 있는 것 같습니다.

무주선원 능소화도 개원하자마자 바로 육지 도반 절에 가서 작은 묘목 얻어다가 입구 돌에 기대어 심어 놓았지요. 무주선원을 방문하는 모든 분에게 화사한 모습으로 반갑게 인사하라는 소임을 주었습니다.

도량에 심은 꽃과 나무들은 나름대로 다 의미가 있습니다. 차를 주차하고 내려오는 돌계단 양쪽으로는 로즈메리를 심었는데, 지금은 사람 하나 겨우 지나갈 정도로 커졌답니다. 방문하는 모든 분이 로즈메리 향으로 몸과 마음을 정화하기를 바라는 마음으로 심었습니다. 법당 앞에 있는 천리향은 부처님 전에 향 공양 의미로, 수국과 모란은 꽃 공양 의미로 심어 놓았습니다. 6월의 수국 파티도 대단했지요. 마음으로 그리던 극락도량이 완성되었다고 해도 과언이 아닙니다.

새벽 자리 털고 일어나 3시부터 일과 시작하여 손수 공양 지어 부처님 전에 올리고 염불하고 자비관 합니다. 오후에는 마당 나가서 풀 뽑고 꽃과 나무 손보지요. 풀 한 포기도 내가 뽑아야 뽑아지는 토굴살이지만, 지금 생활에 만족합니다. 밖으로 나다닐 일 없고 이름에 부러운 것 없고 큰 절에 부러운 것 없습니다. 돌아보면 아직까지 병고 없이 버틴 것이 기적입니다. '사바세계에 인연이 얼마나 남았겠느냐.' 하는 한생각에 많은 망상이 쉬는 것 같습니다.

늘 그렇게 살듯이 이 자리도 인연이 있어서 있는 것이지요.

있는 동안은 잘 가꾸고 살다가 인연이 다하면 떠나는 것입니다.

얼마 남지 않은 시간 아껴서 한 번이라도 더 부처님 명호 부르고 10분만이라도 더 앉아 있다 가야지 하는 마음뿐입니다.

삼십 년 차 나무아미타불

법당에 들어가 염불할 적마다
"나무아미타불" 염불은 늘 새롭습니다.

어제의 나무아미타불이
오늘의 나무아미타불과 다르고
오늘의 나무아미타불이
내일의 나무아미타불과 다릅니다.

법당에 들어갈 적마다
나무아미타불이 새롭기에
지금까지 할 수 있었습니다.

십 년 차 나무아미타불이 다르고
이십 년 차 나무아미타불이 다르고
삼십 년 차 나무아미타불이 다릅니다.

염불하는 시간이 가장 행복한 시간.
먹는 것도 잊고 잠자는 것도 잊고 하고 싶지만
업장에 가려 그렇게 하지 못하는
제 자신이 한탄스럽습니다.

나무아미타불
나무아미타불
나무아미타불.

선신과 함께

부처님 당시에 비구 스님들이 숲에서 안거安居를 보내는데 거대한 목신木神들이 스님들이 숲에서 정진하는 것을 불편하게 여겼습니다. 그들은 무시무시한 형용을 나타내 보이거나 끔찍한 소리를 내거나 메스꺼운 냄새를 피워 스님들을 혼란스럽게 하여 스님들이 정진하는 것을 방해했습니다. 부처님을 찾아가 사정을 이야기하니 부처님께서 자비관을 일러 주셨습니다. 다시 숲으로 돌아온 스님들은 자비관 수행을 하면서 평온을 되찾았습니다. 스님들이 안거를 마치고 떠날 적에 목신들이 울면서 더 머물러 달라고 할 정도였다고 합니다.

자비관 수행의 덕목 중 하나가 선신善神들이 보호한다는 것입니다. 초심 시절 월출산 상견성암에서 보낸 적이 있습니다. 상견성암은 은사 스님께서 3년 묵언정진 하시면서 『금강심론』과 『정토삼부경淨土三部經』을 최초로 편집, 번역, 법공양 출판하신 곳이기도 합니다. 상견성암 일과도 기도 세 번 정근하고 나머지는 자비관 수행, 오후에는 땔나무 준비하고 지냈습니다.

하루는 큰 절에 내려갔는데, 그 절에는 중학교 다닐 적부터 다라니 수행을 하였다는 스님이 계셨습니다. 그 스님이 저를 보자 합장하면서 "스님, 공부 많이 되었습니다." 하고 덕담을 하셨습니다. 제가 "아직 망상이 많은 사람입니다." 하니, "아닙니다. 스님이 정진하고 지내시는 것을 산신령님이 좋아하시고 보호하고 계십니다." 하셨습니다. 속으로 '무슨 전설의 고향인가.' 하고 흘려들었지요.

도량이 명당이라서 그런지 심심치 않게 사람들이 올라오곤 했습니다. 또 하루는 무당과 보살이 올라와서 감탄하면서 말했습니다. "스님, 산신령님이 엄청나게 좋아하십니다." 꼭 이 자리에서 성취하라는 덕담까지 들었지요. 산신령 이야기는 그 후에도 상견성암에 살면서 여러 번 들었습니다.

한두 번이면 무시하겠는데 서너 번 들으니 산신령이 있기
는 한가 보다 하고 생각했지요.

> 망상을 쥐고라도 자비관 수행을 하면 선신
> 이 보호하는 것 아니겠습니까.

꼭 자비관 수행이 아니더라도 수행하시는 스님들의 외호신
장外護神將 이야기는 많이 있습니다.

지금의 무주선원도 어떻게 보면 선신의 보호 아래 정착하
게 된 것입니다. 애월 고내봉 토굴 시절, 유수암에 땅 사백
평 매입하고는 작대기 하나 세울 여력이 없어 하는 수 없이
정리하기로 마음을 먹었습니다. 육지로 나가 선방禪房 몇 철
나고 마지막으로 동안거 한 철 자비관 수행하고 제주로 짐
을 가지러 잠깐 돌아왔습니다. 그러다 인터넷상에 올라와
있던 땅을 발견하고 매입했지요. 그 후로는 일사천리로 진
행되었고, 어려운 고비마다 잘 넘기어 현재의 무주선원이
있게 된 것입니다. 이곳에서 그 많은 법공양 출판이 순탄하
게 이루어지는 것만 봐도 보이지 않는 외호신 없이는 불가
능한 일이라 생각합니다.

망상의 뿌리, 번뇌의 뿌리를 모두 뽑아 그 자리에 순수한 자비심이 채워지면 성자^{聖者}입니다. 그 전에는 다 망상과 함께 정진하는 것입니다. 다만 망상을 쥐고 정진하더라도 보리심을 지니고 정진해 나가면 마장^{魔障} 없이 공부 지어 나갈 수 있고 언젠가는 망상이 다하여 자비심이 가득하리라 생각합니다.

염불하면 행복해집니다

염불하면 부질없는 망상이
털어지기 시작하면서 행복해집니다.

거친 망상이 털어지고
미세 망상이 털어지면서
행복함이 더욱 깊어지고
법희선열法喜禪悅이 일어납니다.

법희선열이 더욱 깊어지면
깊은 삼매에 들 수 있습니다.

수행의 완성은 깊은 삼매입니다.
삼매에 들어야 다겁생의 업이 다 녹아
미세 망념까지 다 털어지고

온전히 중생을 제도濟度할 수 있으며
윤회를 벗어나 원력에 따라
사바세계에 다시 올 수 있는 것입니다.

하루 일과 충실히 지어 갈 뿐

무주선원 하루 일과는 변함이 없습니다.

새벽 3시부터 일과를 시작, 저녁에 마지막으로 염불하고 와선에 들어갑니다. "밖으로 돌아다니지 마라. 절에만 있어도 저절로 공부된다."라고 어른 스님들은 말씀하셨습니다. 놀아도 절에서 논다는 마음으로 도량 지키며 일행삼매 지어 가는 것입니다.

천여 평 도량에 혼자 사는 토굴살이 아닌 토굴살이라, 표 안 나는 소소한 일거리가 많습니다. 공양 준비하는 것, 설거지, 정리, 도량에 검질매고 꽃과 나무 가꾸는 것 등. 그러나 모든 것이 행선行禪이고 몸으로 정성을 다하며 마음으로 챙기는 것입니다. 염불念佛이란, 염念은 잊지 않는다는 것이고,

불佛은 부처님, 불성을 뜻합니다. 행주좌와에 부처님, 불성을 잊지 않는다는 것입니다. 수행이란 마음으로 부처님을 잊지 않고, 행위로 행주좌와어묵동정行住坐臥語默動靜에 드러내는 것입니다.

오히려 잡다한 행선이 망상 털기 쉬워 건강에도 좋고 수행 안목을 키우는 데도 도움이 됩니다. 예전에 도량은 풀 구덩이인데 주인장은 앉아만 있는 것을 보고 '수행도량 깨끗하게 하고 앉아 있는 것도 수행인데.' 하고 생각했지요. 또 어느 도량은 풀 구덩이인데 주인장은 밖으로만 도는 것을 보고 '산토끼 잡으러 다닐 것이 아니라 집토끼 잘 단속하는 것도 수행인데.' 하고 생각했지만, 각자의 취향이겠지요.

저 깊은 의식 속에서 올라오는 마음, 결정신심이 삶을 바꿀 수 있습니다. 물 한 방울이 모여 강을 이루고 바다를 이루듯이 행주좌와에 한 번 챙기는 마음이 모이고 모여 그 어느 날! 저 깊은 의식, 결정신심이 다겁생의 업장을 무너뜨리고 마음을 증명할 것입니다.

그 다겁생의 업장이 무너지고 마음을 증명하는 어느 날은 아무도 모르고 부처님만이 알겠지요. 다만 퇴굴심 낼 것 없고 욕심낼 것 없이 하루 일과 충실히 지어 갈 뿐입니다.

숲은 다양한 수종이
어우러져야 건강합니다

그 빛이 나를 채우면

나무아미타불의 속성이 광명, 빛이라
"나무아미타불" 염불이 한고비를 넘으면
자연스럽게 빛이 관상됩니다.
빛을 관상하면서 염불하면 더 빠르겠지요.

그 빛이 나를 채우면
어두운 생각, 부정적인 생각이 거두어지며
몸과 마음이 가벼워집니다.

"나무아미타불" 빛을 관상하면서
그 빛으로 법당을 채우고 도량을 채우고
사바세계를 가득 채우며 염불합니다.

그 공덕으로 나 자신도 밝아지고 사바세계도 밝아집니다.
변방 제주도에서 사바세계를 밝히고자
작은 촛불 하나를 들었습니다.
망상을 쥐고라도 많은 분들이
"나무아미타불" 작은 촛불을 든다면
모두가 극락세계를 장엄하는 것입니다.

총림을 이루다

모일 총叢, 수풀 림林. 잡목이 우거진 숲을 말하기도 하지만, 절집에서 총림叢林이란 많은 스님들이 숲처럼 모여 산다는 뜻입니다. 옛날에는 몇천 대중이 한 도량에 모여 살았다는 이야기가 전해지기도 합니다. 많은 출가사문들이 모여서 승가를 이루고, 승가 전체가 하나의 총림입니다.

숲은 다양한 수종樹種이 어우러져야 건강하다고 합니다. 인위적으로 한 가지 수종으로만 조림造林하면 오히려 수명이 짧다고. 자연적으로 다양한 수종이 어우러진 숲이 더 오래간다고 하는데 승가도 마찬가지입니다.

산꼭대기 바위틈에 뿌리박고 이슬만 먹고 사는 고고한 소나무도 있지만 저 아래 삼급수에 발 담그고 사는 물푸레나무도 있듯이, 승가도 부처님 법답게 여법하게 사는 사문도 있지만 천태만상의 업들이 모여 이런들 어떠하리 저런들 어떠하리 하면서 칡의 삶을 사는 사문도 있습니다.

큰 숲에는 하찮은 잡목이라도 역할이 있고 필요하듯이 승가에도 다양한 스님들의 역할이 있고 필요한 것입니다. 여법한 스님도 있어야 하지만 요즘 말로 탤런트 스님도 있어야 합니다. 역행逆行 비구도 역할이 있고 쓸데가 있습니다. 큰 숲에 잡목으로 장엄을 잘해야 고고한 소나무가 돋보이듯이, 그렇고 그런 잡목 속에서 여법한 수행자가 향기 나는 것입니다.

출가사문은 각자의 자리에서 서로를 위해서 열심히 살아야 합니다. 행정하는 분, 포교하는 분, 수행하는 분, 경전 연구하는 분 등 모두가 말이지요.

마지막으로 사바세계에는 다 때가 묻어서 왔습니다. 다 용서하고 더불어 살아야 합니다.

호수에 던진 작은 돌

대부분의 사람들이 명함에 마음을 두나
명함 역시 인연이 다하면 떨어지는 것입니다.

대부분의 사람들이 집 평수에 마음을 두나
그것 역시 인연이 다하면 흩어지는 것입니다.

그러나 마음의 보석, 자비심에 마음을 둔다면
나날이 선명해지고 밝아지며
목숨이 다할 적에 두려움 없이 회향할 수 있고
원력수생願力受生할 수 있습니다.

하루 20분만이라도 다리를 포개고 앉아
천천히 숨을 들이쉬면서 마음으로 온 우주를 감싸며
"일체중생의 고통을 다 거두어 주겠습니다."
천천히 숨을 내쉬면서
온 우주에 마음의 빛을 방사합니다.

"일체중생의 고통을 다 거두어 주겠습니다."
이 마음이 다겁생의 응어리진 업을 녹입니다.
다리를 풀고 일어날 적에 마음은 환희심으로 가득하여
온종일 행주좌와어묵동정에 녹아들어
서원을 잊지 않습니다.

"일체중생의 고통을 다 거두어 주겠습니다."
거짓이라도 이 마음을 낸다면
언젠가는 증명할 수 있습니다.

호수에 던진 작은 돌의 물결이
온 호수에 미치듯이
이 공덕 또한 일체중생에게 미치어
일체중생과 더불어 행복할 것입니다.

좌 노보살님 이야기

좌 노보살님을 처음 뵌 것은 2003년 봄 제주도 자성원에서였습니다. 자성원 주지로 왔을 때, 그곳 공양주로 계셨습니다. 얼굴에는 병색이 완연했고 마음도 편치 않은 것을 한눈에 알 수 있었습니다. 당시 제가 사용하던 반질거리는 율무천주 염주를 드리면서 "보살님, 이것 가지고 '나무아미타불' 염불하세요."라고 권했지요.

그렇게 해서 노보살님은 공양간에서 천주 돌리며 "나무아미타불" 하고 저는 법당에서 "나무아미타불" 하면서 4년이라는 세월을 자성원을 가꾸며 함께 보낸 것입니다. 당신께서 나무아미타불 염불하시면서 건강도 많이 좋아지고 마음도 편안해진 후에는 지나온 세월을 가끔 이야기하셨습니다. 오십 대부터 공양주를 하셨는데 절에서 험한 꼴을 많이 봐서 "이제는 절에서 안 산다." 하고 집으로 돌아간 적이 있다고 합니다. 어느 날 꿈에 사람들이 가마를 가져와서 "어디서 오셨습니까?"라고 물어보니 자성원에서 왔다고 하더랍니다. 꿈에서 깨고는 꿈에 가마를 보았으니 죽는 것 아닌가 하고 걱정했는데, 낮에 이웃에 사는 보살이 찾아와 "자성원에서 공양주를 구하는데 보살님이 한번 가 보시지요."라고 권했다고. "나는 공양주는 안 할 거지만 자성원이 어디인지는 가 보고 싶습니다."라고 대답하고는 보살님 차를 얻어 타고 자성원에 처음 오셨다고 합니다.

오십 대에 제주 관음사에서 공양주 할 적에 유방암 수술을 받으셨는데 당시 제주도에서 처음으로 암 수술을 하는 것이었다고 합니다. 수술대에 올라가 마취 후 잠이 들었는데 꿈에 걸망 멘 스님이 나타나 어딘가를 구경시켜 주는데, 정원과 연못이 그렇게 좋았다고 합니다. 깨어나니 수술은 끝났고 수술 끝나자마자 바로 일어나서 의사가 놀라더랍니다. 보통 일주일은 누워서 꼼짝 못 한다고 하면서요. 『아미타경阿彌陀經』도 모르는 분이 극락세계를 다녀오신 것입니다. 관음사에서도 전설이라고. 보살님은 당시 관음사에서

선원禪院을 운영했는데, 동안거가 곧이라 이불 빨래가 걱정되어 수술 끝나고 25일 만에 관음사에 돌아와 이불 빨래를 하셨다고 합니다. 지금이야 선방 이불이 간단하지만, 그 옛날에는 얼마나 힘들었겠습니까.

관음사로 돌아온 날 꿈에 엄청나게 큰 신장神將이 나타나 배를 발로 밟아 주는데 입에서 그렇게 구정물이 나오더랍니다. 그 후 특별히 병원에 간 적은 없다고. 그 당시에는 텃밭 농사도 직접 하셨는데, 각종 씨앗을 뿌려 놓고 "나무아미타불" 염불하시면서 잡초도 직접 뽑고 관리하셨습니다.

> 천성이 맑으신 분이라 오가는 신도분들에게 농사지은 채소를 나누어 주고, 상담도 해 주셨지요. 신도분들이 이야기하기를, 자성원에 오면 친정 온 것처럼 마음이 따뜻했다고 합니다.

자성원 어려운 시절을 노보살님 인연으로 주지 소임 원만히 회향했습니다. 무주선원 개원하고 나서는 당신께서 몸이 많이 쇠약해져서 법회에만 참석하시는 정도였는데, 근

래에는 더욱 쇠약해져서 절에도 오시지 못했지요. 오늘(10월 8일) 당신께서 사바세계 인연을 다하시고 한 줌의 재가 되어서 제주시 용강별숲공원에서 자연장을 하였습니다. 당신께서는 생전에도 극락세계를 보신 분이지만, 마지막 가시는 길 몇 분의 신도분과 "나무아미타불" 염불로 배웅하러 다녀왔습니다.

노보살님은 염불인의 증인證人입니다. "나무아미타불" 염불로 건강을 회복하시고 마음의 평화를 얻으시고 마음을 베푸셨습니다. 목숨이 다할 때까지 얼굴은 맑고 정신은 또렷하셨습니다. 암 수술도 하셨지만 오래 장수하시고(93세) 우리 곁을 떠났습니다.

끝없는 공덕을 이루리라

마음을 모아 정성스럽게 "나무아미타불"을 염송합니다.
마음으로 "나무아미타불"이 일어나면
입으로 또렷이 칭념하고 귀로 들으며
다시 마음으로 새겨 나갑니다.

"나무아미타불" 무량광無量光으로 내 마음을 채우고
법당을 채우고 온 우주 법계를 채웁니다.
"나무아미타불" 무량공덕은
마음속 깊은 곳까지 미칩니다.

저 깊은 땅속을 관상하면서 "나무아미타불" 칭념하면
깊은 땅속, 지옥까지 아미타불 공덕이 미치는 것이고
저 일체중생을 관상하면서 칭념하면
아미타불의 공덕이 일체중생에게 미치는 것입니다.

약인일념칭념호若人一念稱念號
경각원성무량공頃刻圓成無量功
누구든지 일념으로 나무아미타불 칭념하면
눈 깜짝할 사이에 끝없는 공덕을 이루리라.

"나무아미타불" 칭념에 10분만이라도 공을 들이면
그 또한 공덕 무량합니다.

무심한 칸나를 바라보며

도량에 칸나가 예쁘게 피었습니다. 무주선원 칸나는 키가
작고 색이 짙은 프랑스 칸나인데, 처사 시절 꽃농장에 심었
던 종자를 2년 동안이나 찾은 끝에 심은 것입니다. 꽃도 수
요가 있으면 종자가 계속 이어지는데 찾는 사람이 없으면
슬그머니 없어집니다. 도량의 꽃들은 모두 주인장과 사연
이 있는 것인데 칸나 역시 그렇습니다.

아주 어린 시절 마당이 꽤 넓은 집에서 살았습니다. 가세가
기울기 시작하면서 몇 번의 이사 끝에 부모님은 마지막으
로 작은 단칸방 집에서 생을 마감하셨습니다. 어린 시절 그
마당에 대한 유일한 기억이 바로 칸나입니다. 그 후 꽃과
인연 맺고 꽃농장을 하면서 꼭 한 켠에 칸나를 심었습니다.

칸나는 거름을 좋아하는 아이라 퇴비를 듬뿍 넣고 심어야 합니다. 그러면 꽃 피울 적에 지나가는 사람들이 다 찬탄할 정도로 아름다운 자태를 뽐내지요. 그 당시 종자를 구해서 고내봉 토굴 시절에도 심었고, 이곳에도 한 무더기 심어 놓고 감상하고는 합니다. 큰 마당에서 놀던 어린 시절을 그리며 부모님을 아련히 떠올립니다.

미국에 계신 큰 누님이 언제인가 무주선원에 와서 꽃들을 보고 감탄했습니다. 어릴 적 우리 큰 집에 꽃이 많았다고, 특히 과꽃이 많아 별명이 과꽃 많은 집이었다고 합니다.

> 그 큰 집에서 산 세월은 얼마 되지 않은 것 같은데 꽃을 좋아하시는 부모님과 어린 시절을 보내서 그런지 저도 꽃을 좋아하게 되었나 봅니다.

무심無心한 칸나를 바라보면서 형제들은 스님이 기도 많이 해서 집안이 편안하다고 덕담합니다. 큰 집에서 살다가 마지막은 초라한 집에서 생을 마감하신 부모님을 생각하면 지금도 눈물이 납니다. 제 기도보다는 부모님이 자식의 업

까지 다 짊어지고 가서서 지금까지 자식들이 건재한 것이
라 생각합니다.

세 번의 자비관

첫 번째 자비관, 신호등 없는 건널목에 몸이 불편한 분이 서 있습니다. 잠시 차를 세워서 편히 건너갈 수 있도록 기다립니다. 건널목을 천천히 건너가는 것을 보면서 그분을 위하여 자비관을 합니다. "고통을 여의고 행복하시길." 잠깐의 자비관으로 온종일 즐겁습니다.

두 번째 자비관, 복잡한 이비인후과 의원. 주차부터 복잡하기 그지없고 진찰은 3분인데 대기는 1시간입니다. 접수하고 한쪽에 자리를 잡고 앉아 대기실에 기다리는 분들을 관상하면서 자비관을 합니다. "이 자리에 오신 모든 분들 고통을 여의고 행복하시길." 어느덧 1시간 대기 시간은 끝났고 3분의 진료도 끝났습니다. 귀가하는 길 머리가 맑아지고 즐겁습니다.

세 번째 자비관, 비행기 타고 렌터카 타고 찾아간 절에는 행사로 인해 신도분들로 가득합니다. 법당 부처님 전에 삼배 올리고 앉아 낱낱이 도량을 관상하면서 자비관을 합니다. "오늘 이 자리에 오신 모든 분들 고통을 여의고 행복하시길." 잠시 자비관으로 절 행사에 마음 부조扶助를 하였습니다.

아뇩다라삼먁삼보리심阿耨多羅三藐三菩提心.
해석하자면 위 없는 마음, 마음 가운데 맨 꼭대기에 있는 마음입니다. 이 말을 줄여서 보리심이라고 합니다. 보리심이 가장 최상의 마음이고 보리심이 곧 자비심입니다.

중생 마음에 갖추어진 광대하고 원만하며 거리낌이 없는 자비심을 일깨우는 것이 자비관 수행입니다. 자비무적慈悲無敵이라 자비관 수행에는 적敵이 없으며 한 번 일으킨 자비심이 너와 나를 행복하게 하고 사바세계를 정화합니다. 사바세계에서 가장 가치 있는 수행입니다.

원력만 있으면

청화淸華 큰스님께서 미국에서 귀국하실 적에 기력이 많이
쇠衰하신 상태였습니다.

2001년 서귀포 성산읍 신풍리라는 곳에 자성원을 개원하셨
는데, 『육조단경六祖壇經』에 "자성自性"이라는 말이 백 번도 넘
게 나왔다고 "자성원"이라 이름 지으셨습니다. 서귀포의 겨
울 날씨는 환상적입니다. 그러나 여름에는 높은 습도로 인
한 곰팡이 때문에 집집마다 제습기를 하루 종일 돌리고 살
정도입니다. 당신께서 여름 장마와 습도를 견디지 못하고
서울 광륜사로 올라가셨지요. 2003년 동안거 끝나고 큰스
님께 인사드리러 갔더니, 자성원 주지 소임 볼 사람이 없다
고 걱정하셨습니다. 큰스님 은혜 갚는 마음으로 "제가 가서

4년 살겠습니다." 하고 2003년 봄 제주에 발 들여놓은 것이 어느덧 20년이 되었습니다.

자성원 시절에는 기도정진 하면서 버려진 밭 정리하여 천여 평 차밭 조성한 것이 보람이었습니다. 후임으로 들어온 주지 스님께서 잘 관리하여 자성원 차밭이 한때 제주도에서 꽤 유명했습니다. 또 소임자가 바뀌고 지금은 차밭이 엉망이라고 하는데, 아무튼 차나무 심어 놓고 십여 년 넘게 제주도에서 녹차밭 성지로 이름났으면 본전은 뽑은 것이지요. 자성원 4천 평 도량을 혼자서 기도정진 하면서 어떻게 다 관리하고 살았는지 지금 생각하면 아득합니다.

이번 10월이 무주선원 개원 10년입니다. 원래의 서원이었던 염불행자로 법당은 못 채웠지만, 문중의 보물 『금강심론』과 청화淸華 큰스님의 법어집을 정리하여 법공양 출판하는 것이 보람입니다. 출판에 대한 기본 지식이 있는 것은 아니었지만 지금껏 살아온 방식대로 일단 부딪치고 고민하면서 배워 나갔습니다. 많은 분들의 도움 덕분에 이제 법공양 책은 어디 내놓아도 손색이 없습니다. 어떤 분이 어떻게 그 많은 일을 해 나가냐고 놀라며 물어보셨는데 원력만 있으면 못 이루는 것은 없다고 대답해 드렸습니다.

> 출가사문은 원력이 생명이고 원력 없는 수
> 행이나 삶은 아무런 가치 없는, 의미 없는
> 삶입니다.

이제는 세월 탓인지 망상은 많이 사그라졌습니다. 얼마나
있을지 모르지만, 목숨이 다할 때까지 소박하게 부처님 공
부나 하다 가야지 생각합니다. 제주도 척박한 곳에서 기도
의 힘 하나로 버텨 왔습니다. 그저 사바세계 와서 부처님
법 만나 공부할 수 있는 인연에 감사드립니다. 마지막으로
제가 할 수 있는 것은 미력하나마 나의 수행이 모든 이들의
행복으로 회향되기를 기원하는 것입니다.

저승사자를 만나거나

예전에 한 마을 어른께서 주무시면서 욕을 하시더랍니다. 아들이 "왜 주무시면서 그렇게 욕을 하셨어요?"라고 물어 보았습니다. 어른께서 하시는 말씀이, 눕기만 하면 뭔 시키면 것이 나타나 몸을 만지길래 만지지 말라고 욕을 한 것이라고. 이 말이 있고 일주일 만에 그 어른께서 돌아가셨다고 합니다.

어느 보살님 이야기도 있습니다. 시아버지가 편찮으셔서 서울 큰 병원으로 가기 위해 모든 준비를 해 놓았는데, 병원으로 가기 전날 시어머니가 "서울 갈 일이 아니다."라며 집으로 모시자고 하셨다고 합니다. 집으로 모신 지 3일 만에 시아버지는 돌아가셨습니다. 나중에 시어머니 말씀이 병원으로 가기 전날 꿈에 저승사자를 봤다고. 그래서 서울 병원을 포기하신 것이라고. '전설의 고향'에 나오는 것처럼 목숨이 다할 적에 저승사자가 데리러 오는 것인가 하는 의문이 듭니다. 물질세계가 아닌 정신세계는 증명할 길이 없습니다. 그저 짐작할 뿐이지요.

청화淸華 큰스님께서 1980년 월출산 상견성암에서 묵언정진 하면서 번역한 『정토삼부경』을 현대 감각에 맞게 법공양 출판하고자 준비하고 있습니다. 1992년 출판한 것과 손으로 짚어 가면서 교정을 보고 있습니다. 그러면서 몇 번을 정독했지요.

> 이번에 『정토삼부경』을 몇 번이나 정독하면서 느낀 것은 『정토삼부경』의 요체, 가장 중요한 것은 평소에 부처님을 잊지 않고 기억하면 목숨이 다할 적에 반드시 마중을 나온다는 것입니다.

염불念佛의 염念은 잊지 않고 생각한다는 뜻이고, 불佛은 부처님을 뜻합니다. 즉 염불은 아미타불을 잊지 않고 끊임없이 생각한다는 뜻이지요. 끊임없이 생각하기 위하여 "나무 아미타불"을 큰 소리로 염송하면 망상도 사그라지고 집중도 잘됩니다.

염불이 한고비 넘기면 스스로 망상이 사그라지고 계행과 보리심이 증장增長하며 행복감을 느낄 수 있습니다. 그리고 마지막 목숨이 다할 적에 "진제일체제장애盡除一切諸障碍" 모든 번뇌 망상을 털고 아미타불 부처님을 친견하는 것입니다. 말년에 염불만 하시던 노보살님이 목숨이 다할 적에 누워 계시다가 부처님 오신다고 일어나 앉은 채로 돌아가셨다고 합니다. 우리가 목숨이 다할 적에 저승사자를 만나 저승에 가는 것이나 부처님을 만나 극락세계에 왕생하는 것이나 모두 본인 스스로의 선택입니다.

넓은 우주를 감싸는
자비심을 키워라

사바세계에서 가장 가치 있는 일이 무엇일까요?

각자 인연과 기질에 따라 다르겠지만 가장 가치 있는 일은 일체중생을 위해서 마음을 내는 것입니다. 전문 용어로 보리심입니다. 위 없는 마음, 마음에도 등급이 있는데 맨 꼭대기에 있는 마음이라는 것입니다. 보리심이 대승불교의 핵심입니다.

대승 경전이 모두 일체중생을 위한 발원과 회향이지만 절집의 모든 의식도 일체중생을 위한 발원과 회향입니다. 특히 기도 의식에 잘 나타나 있으며 상좌부 불교의 자비관 수행과 대승권에서 하는 기도와 같은 맥락이라고 생각합니다.

우리가 일체중생을 위한 마음을 일으키면 첫 번째로 즐겁고 행복한 마음이 일어납니다. 행복이 깊어지면 법희선열이 되는 것이고, 법희선열이 깊어지면 삼매에 이르는 것입니다. 금타金陀 스님 법문에 사바세계에서 가장 큰 복이 삼매를 얻는 것이라고 하였습니다.

때 묻은 마음이라도 "일체중생이 고통을 여의고 행복하십시오."라는 한생각 발원이 나를 행복하게 하고 일체중생이 감응되는 것입니다. 이 한생각 발원이 나의 때 묻은 마음을 씻기며 옹색한 마음을 확장합니다. 다겁생의 업장이 녹으며 녹은 만큼 행위로써 드러납니다. 수행의 살림살이는 입에 있는 것도 아니고 이름, 감투에 있는 것도 아닙니다. 행위로써 용심用心으로 드러납니다.

> 『자비경』에는 "넓은 우주를 감싸는 자비심을 키워라."라는 말이 있습니다.

좋은 마음이든 나쁜 마음이든 사바세계에 영향을 줍니다. 어떤 마음을 가지고 사바세계에서 사느냐에 따라 삶의 가치가 달라집니다. 『자비경』은 "자비관 수행은 거룩한 삶"이

라고 하였습니다. 자비심은 온 우주를 정화하는 것이고 이
기심은 온 우주를 오염시키는 것입니다.

고성염불의 공덕

고성염불의 공덕은
신심과 원력이 바닥 칠 적에
신심과 원력에 에너지를 충전시키며

몸으로는 헤아릴 수 없는
수많은 세포에 진동을 주어
몸의 탁기濁氣를 털어 내고

마음으로는 다겁생의 침전沈澱된 업장,
부정적인 업을 흔들어 정화시킵니다.

고성염불은 보이지 않는
수많은 호법신장들의 환희심을 일으키며
중생에서 부처로 가는 묘법妙法입니다.

세상에서 가장 슬픈 일

일 년에 한두 번, 가장 먼 길 제주도 동쪽에서 서쪽 무주선
원까지 오셔서 잡초를 뽑아 주시는 보살님이 계십니다. 한
동안 얼굴을 뵙지 못했는데 올해 오랜만에 방문해 주셨습
니다. 한눈에 봐도 건강이 많이 안 좋아지셨더군요. 담담히
그동안 못 오신 사연을 이야기해 주셨습니다. 서울에 사는
큰아들이 갑자기 심장마비로 세상을 떠나고 그 충격으로
마음고생과 병고에 시달렸다고 합니다. 아직도 온전히 회
복하지는 못하셨다고.

당신의 슬픔과 고통이 온전히 느껴집니다. 아들이 보통 아
들이 아니었다고 합니다. 제주도에서도 가장 척박하다는
동쪽 바닷가 마을에서 태어나 제주시 명문 고등학교와 서

울대 그리고 영국 유학까지 다녀왔다고. 넉넉한 집안도 아닌데 오직 본인의 영민英敏함으로 걸어온 길이었습니다. 이런 아들이 부모는 얼마나 자랑스럽고 대견했을까, 가족들은 얼마나 든든했을까 생각해 봅니다. 이런 아들이 어느 날 갑자기 사바세계를 하직했으니…. 보살님의 마지막 말이, 다시는 아들을 이 세상에서 볼 수 없다는 것이 가장 큰 슬픔이라고 하셨습니다.

보살님이 가시고도 슬픈 여운이 남아 있습니다. 하루아침에 자식을 잃은 슬픔과 하루아침에 가진 것을 모두 잃어버리는 슬픔, 어느 것이 더 무거운가? 잠시 생각합니다. 그 옛날(84년 여름) 폭우로 서울 천호동 일대가 물에 잠긴 적이 있습니다. 그 시절 빈손으로 시작하여 용맹정진으로 이룬 천육백 평의 꽃농장이 물에 잠겨 버렸습니다. 몇 달만 지나면 출하하는 수만 본 바이올렛이 폭우에 속절없이 떠내려가는 것을 그저 바라만 볼 수밖에 없었던, 그 억울함과 슬픔에 오랜 세월 마음고생했는데….

그러나 전 재산 잃은 것이야 다시 시작할 수 있지만, 잃은 자식은 다시 돌아올 길이 없습니다. 사바세계의 가장 큰 슬

품은 자식을 잃은 슬픔입니다. 옛말에 부모를 잃으면 청산에 묻고 자식을 잃으면 가슴에 묻는다고 하였습니다.

"나무아미타불"

슬플 적에 "나무아미타불" 염송은 처진 마음을 일으켜 세우고 기쁠 적에 "나무아미타불" 염송은 들뜬 마음을 가라앉힙니다. 부처님이 자비심으로 일러 주신 명호부사의名號不思議 "나무아미타불"입니다.

"나무아미타불"을 도반 삼아, 스승 삼아 함께 하며 고통의 이 언덕에서 저 언덕彼岸으로, 극락세계 왕생하는 것입니다.

깨달음도 돌연변이다

작년 12월, 해도 짧아지고 날씨는 점점 추워지는데 저먼 아이리스 하나가 꽃대를 밀고 올라와 방 안에 옮겨 두었더니 겨우내 꽃이 잘 피었습니다.

도량 내 수백 개의 저먼 아이리스들은 모두 동면에 들어갔는데 이 아이는 무슨 이유인지 홀로 꽃대를 밀고 올라온 것입니다. 흔히 말하는 돌연변이지요.

식물에는 육종학자들이 좋아하는 돌연변이가 있습니다. 수만 평에 씨앗을 뿌리면 그 가운데 아주 특출한 아이가 나오곤 합니다. 겨울에 다 얼어 죽었는데 혼자 겨울을 견디고 꽃을 피운 이 저먼 아이리스처럼 말입니다. 육종학자는 이

처럼 강한 아이를 따로 연구하여 추위에 강한 품종을 개발하는 것이지요.

겨우내 방문 앞에서 들락거리는 주인장과 방문객을 즐겁게 한 노란색 저먼 아이리스.

> 문득 "깨달음도 돌연변이다."라는 생각이 듭니다. 우리나라만이 아니라 모든 불교 국가에서 수많은 수행자들이 깨달음을 지향하지만 깨달음을 몸과 마음으로 증명하는 수행자는 극소수입니다. 수천만 개의 씨앗 가운데 특출한 종자가 하나 나오는 것처럼.

가장 큰 돌연변이는 부처님이시고 그 후 크고 작은 돌연변이가 나와서 부처님의 법, 진리dhamma가 이어져 내려오고 있습니다. 깨달은 진리의 공덕은 시간과 공간을 초월합니다.

염불수행도 용수보살 때부터 권한 수행입니다. "살아 있는 이들 모두 몸과 마음의 고통을 여의고 바다와 같은 무량한 행복을 얻기를 바랍니다."로 시작하는 샨티데바의 발원문은 제가 아침마다 독송하고 있습니다.

극소수의 돌연변이가 되는 것도 포기하지 않고 정진해야 가능성이 있다고 생각합니다. 해태懈怠해지는 마음을 다독거리며 오늘도 서원을 세웁니다.

개원 10년을 기념하며

오늘(2022년 10월 21일)이 무주선원 개원 10년입니다. 인터넷 상으로 청화清華 큰스님의 주옥같은 염불법문을 정리하자는 뜻으로 무주선원 카페를 만들고, 블로그는 2007년 서울 광륜사 객방에서 시작하였습니다. 도량은 염불선 수행도량 원력으로 제주 애월 지금 이 자리에 있던 귤밭을 걷어 내고 불사佛事하여 2012년 10월 21일 큰스님과 인연이 있는 일오 一悟 큰스님을 증명법사로 모시고 개원하였습니다.

개원 당시 사진과 현재의 사진을 보니 나름 감회가 새롭습니다. 엊그제는 개원하고서 심은 대봉 감나무 묘목이 제법 커 열매로 자릿값을 내놓아 수금했습니다. 개원 당시 묘목으로 심은 무화과, 꾸지뽕, 비파, 모과나무도 제법 자리를 잡았습니다.

10년을 하루같이 손수 마지 지어 부처님 전 공양 올리며 기도정진 하였습니다. 오후에는 나무 하나하나 곡괭이로 구덩이 파서 퇴비 넣고 심고, 쇠스랑 하나로 잔디 심고. 굴착기 불러 손수 돌 세우고 땡볕에도 나가 물 주고 잡풀 제거하고. 이렇게 부지런히 가꾼 도량이 이제는 대견스럽습니다. 제주도의 부동산 가격이 미쳐 버리기 전이라 그나마 간신히 도량 하나 세웠습니다. 은행 빚으로 개원하였지만 척박한 곳에서 오직 기도와 정진, 울력으로 이제 빚은 다 갚았습니다.

이제는 법공양으로 회향합니다. 10년 살림살이는 도량이 말해 주고 있듯이, 제가 보아도 10년 동안 부지런히 살았네요. 10년이 아니라 한평생을 부지런하지 않으면 살아남기 힘든 팔자도 일조—助하였습니다.

이제는 사바세계 와서 여한이 없습니다. 법우님들 덕분에 법공양 불사는 순조롭게 진행되고 염불삼매는 요원하지만 포기하지 않는 것으로 정리하였습니다.

이 자리에 있는 것도 인연이 있어서 있는 것이고 인연이 다 하면 떠나는 것이지요. 말년에 조촐한 도량에서 홀로 정진하다 부처님이 부르면 발걸음 가볍게 가는 것이 저의 마지막 원顧입니다.

가장 해악이 되는
세 가지 마음

사바세계에서 살아가는 데 가장 해악害惡이 되는 세 가지 마음을 삼독심이라고 합니다. 이미 우리의 삼독심은 다겁생을 거쳐 오염된 것입니다. 수행을 통하여 삼독심의 뿌리를 뽑아 본래의 청정한 마음, 자성청정심으로 돌아가야 합니다. 삼독심을 소멸시키는 방법론에 간경, 절 수행, 염불, 좌선 등이 있습니다. 각자의 기질과 업이 다르기에 방법은 다양합니다.

대표적으로 마음을 어지럽히는 다섯 가지 번뇌를 멈추기 위한 수행법으로 오정심관五停心觀이 있습니다. 탐심貪心이 많은 사람은 부정관不淨觀, 진심瞋心이 많은 사람은 자비관慈悲觀, 치심痴心이 많은 사람은 인연관因緣觀, 분별심分別心이 많은 사람은 수식관數息觀, 그리고 염불관念佛觀은 불보살님을 생각하면 모든 번뇌를 그칠 수 있다는 것입니다.

삼독심에 헐떡거리는 마음을 현대 용어로 표현하자면 스트레스일 것입니다. 만병의 원인이 스트레스인 것처럼, 삼독심으로 자신을 학대하며 고통을 줍니다.

> 어떠한 수행법이든 마음을 바로 보고 마음의 삼독심을 털어 낸다면, 털어 낸 만큼 세상이 넓게 보입니다. 자연스럽게 행복해지고 이해와 자비심이 움트게 됩니다. 수행이 익으면서 자비심이 충만해집니다.

그러나 현실은 본질적인 마음은 그대로 두고 곁가지인 수행법 가지고 소모적인 싸움이 일어나기도 합니다. 자기 방식으로만 수행하여야 한다고 고집하고 강요하는 것은 법(진리)에 대한 이해 부족입니다. 마음을 열고 내 수행법만이 최고라는 아집을 내려놓아야 합니다. 진리는 옹색하지 않습니다. 마음 밖에서 찾는 것은 외도外道 수행입니다. 마음이 진리와 가까워질수록 몸과 마음은 가벼워집니다. 충만한 자비심으로 중생의 업을 녹이고 사바세계 속에서 극락세계의 즐거움을 느껴야 합니다.

우리 아들도 스님이에요

고내봉 토굴 시절, 저녁에 속가俗家 형님으로부터 전화가 왔습니다. 당신 수술 날짜와 제사 날짜가 겹쳐서 이번에만 어머니 제사를 지내 달라고 부탁하기에 알겠다고 대답하고 날짜를 보니 내일모레였습니다. 다음 날 아침, 도와주시는 노보살님께 간단한 기제사忌祭祀를 지내야 하는데 오늘 사시 기도 끝나면 모시러 가겠다고 전화드렸습니다.

사시기도 끝내고 노보살님 댁에 갔는데 차에 타시자마자 "스님 어머니 제사입니까?" 하시는 것입니다. 놀라서 "보살님, 어떻게 아셨어요?" 하니, 하시는 말씀이 당신 꿈에 허름한 한복에 머릿수건을 쓴 할머니가 나타나 같이 시장을 갔다고 합니다. 가는 길에 절이 보여서 참배하러 들어갔는데,

수건 쓴 할머니가 "우리 아들도 스님이에요." 하시더랍니다.

그 소리에 놀라서 잠에서 깼고, 시계를 보니 새벽 3시였다고. 그 후로는 잠도 오지 않아서 '내가 아는 할머니들 가운데 아들이 스님인 사람은 없는데.' '내가 아는 할머니들 가운데 머리에 수건 쓰고 다니는 사람은 없는데.' 하며 아침까지 궁리를 했다고 합니다. 아침에 제 전화를 받고 나니 감이 와서 물어본 것이라고.

어머니! 허름한 한복에 항상 머리에는 수건을 쓰신 모습은 당신 살아생전의 모습이었습니다. 일제강점기와 해방, 그리고 6·25 전쟁 속에서 힘든 고비를 여러 번 넘기셨지요. 전쟁이 끝나고 초근목피草根木皮 시절 자식 낳아 기르기 얼마나 힘드셨습니까.

지금도 어린 시절 보따리 장사로 고생하시던 어머니를 생각하면 눈물이 납니다.

당신께서 사바세계를 떠난 지 50여 년이 넘었지만 어린 막둥이 놓고 떠나기 힘드셨는지 현몽現夢한 것이겠지요.

무주선원 개원하고 얼마 후 노보살님이 오셔서 "스님, 어머니께서 여기에 오셔서 좋아하십니다."라고 말씀해 주시기도 했습니다.

오늘(11월 14일)이 당신 제삿날. 도와주시는 보살님께 영가 밥은 맛있게 찹쌀 넣고 해 달라고 부탁하였습니다. 염불도 염불이지만, 저는 정성스럽게 보이차와 우전 녹차를 우려서 영가 전에 올렸습니다.

노보살님이 언제인가 덕담하셨습니다. "스님 어머니는 참 복 많으신 분입니다. 스님 같은 아들을 두었으니."

홀로 가는 길

출가도 어렵지만
출가하여 수행에 매진하기는 더 어렵고
수행하여 성취하기는 더욱더 어렵습니다.

수없는 바늘구멍을 통과하여야 하기에
다겁생의 숙연宿緣이 아니면 불가능한 일이며
끝이 없는 길이며
결국은 홀로 가는 길입니다.

다만 포기하지 않는다면
언젠가는 성취할 것입니다.

두 가지 능소화

옛날에는 양반집만 심었다는 능소화. 무주선원 입구 한글로 새긴 돌에는 토종 능소화를 심었고, 한문으로 새긴 돌에는 미국 능소화를 심었습니다.

한눈에 토종 능소화와 미국 능소화를 비교할 수 있는데 나름 장단점이 있습니다. 토종 능소화는 주황색 꽃이 아름답고 늘어져 피는 것이 일품입니다. 그러나 꽃 수명이 짧고 성장이 더딥니다. 미국 능소화는 왕성하게 잘 자라고 꽃은 진한 빨간색에 꽃 모양은 떨어져도 오래가고 늦가을까지 꽃이 핍니다.

두 아이가 한여름을 입구 양쪽 돌담에 매달려 장엄하며, 방문하는 분들에게 주인장을 대신하여 미소로 인사합니다. 자주 방문하는 신도분이 "둘 다 무주선원에 있어야 하는 아이들이네요."라고 말씀해 주셨습니다.

언제인가 나무시장에 가서 나무시장 주인장과 이야기를 한 적이 있습니다. 주인장이 처음 나무 장사할 적에는 좋은 나무, 나쁜 나무가 있었는데, 이십여 년 넘게 나무를 다루다 보니 세상에 나쁜 나무는 없고 다 저마다 역할이 있더라 하시더군요. 나무로써 도道를 이루신 분입니다. 애써 정진한 어른 스님이 어느 날 문득 마음이 톡 터졌는데 "사바세계 모든 중생이 부처로 보이더라."와 같은 뜻입니다.

> 보살이 중생의 근기根機를 보고 근기에 맞게 나투어 중생을 제도하듯이, 도는 절집에만 있는 것이 아니라 사바세계 어느 곳에나 있습니다. 진리 자체가 평등성(반야)이며 포용력(보살심)입니다.

백화도량 무주선원. 나름 주인장의 안목에 따라 각자가 있을 자리를 선정해 주었습니다. 풀 한 포기도 무주선원 주인장 인연에 따라 와, 주인장의 염불 소리 들어 가며 함께 정진하고 있습니다. 나름 밥값 한다고 일 년에 한 번 살림살이를 내놓아 참배 오신 분들을 즐겁게 합니다. 모두가 주인장의 인연으로 이 자리에 모여서 극락세계를 장엄하다 어느 날 인연이 다하면 흩어지겠지요.

마음으로 함께하는 것

법당에서 기도는 늘 혼자서 하다 보니, 혼자서 하는 것이 당연하다고 생각한 지가 꽤 오래되었습니다. 사시기도 마치고 정리하고 나오면서 한생각.

무주선원 법당에 전국 법우님들의 마음이 동참했다는 생각이 일어납니다. 멀리 있어도 마음이 무주선원 법당에 있기에 법당 등공양에 동참하신 것이겠지요.

법당에서 기도하거나 좌선할 때마다 전국 많은 분들과 마음으로 함께하는 것이라는 생각에 환희심이 일어납니다.

작년 법당 등공양금은 『금강심론』 법공양 출판에 자량이 되었고, 올해 공양금은 『마음의 고향』 법공양 출판에 자량이 되었습니다. 어느 법우님이 법공양에 동참하면서 이렇게 말씀하셨습니다. 법공양 책을 받아 읽고 환희심이 일어났는데, 누군가의 시주로 이 책이 내 손에 들어온 것처럼 나도 법공양에 동참하여 다른 누군가에게도 환희심을 주자고 마음먹었다고. 이 작은 신심과 환희심이 등불이 되어 부처님 법이 이어지고 전해지며 사바세계를 밝히는 것입니다.

저는 다만 사심私心 없이 관리하고 심부름하는 것뿐입니다. 저 또한 신심과 환희심을 함께 느낄 수 있어 행복합니다.

백 가지 꽃이 피는 도량

무주선원에 3박 4일 객승으로 있다가 가시는 분의 말씀이 무주선원은 백화도량(百花道場, 백 가지 꽃이 피는 도량)이라고 하였습니다. 숫자를 세어 보지는 않았는데, 다양한 종류의 꽃과 나무들이 있어 나름 총림을 이루고 있습니다. 일단 제주도는 따뜻하여 노지에서 월동되는 품종이 다양합니다. 수국만 해도 중부지방에서는 노지 월동이 어렵습니다.

무주선원 개원 후 많은 꽃과 나무를 심었지만 다 살아 있는 것은 아닙니다. 경험상 추운 해에는 이곳이 영하 3도까지 떨어지는데 병솔나무, 카나리아야자는 견디지 못하고 얼어 죽습니다. 해마다 천사 나팔꽃과 재스민은 겨울에 뿌리만 살았다가 봄에 다시 살아나는 형편이고, 이마저도 바람에

약한 아이들은 살아남지 못합니다. 어릴 적에는 잘 견디다가 나무가 커 가며 바람을 못 견디고 살구나무, 러시아 오가피, 서부해당화가 넘어져서 베어 내었습니다. 한 번 넘어진 아이는 세워 놓아도 다음 바람 불 적에 또 넘어지기에 미련 없이 베어 냅니다.

사람도 업이 가지가지이지만 꽃과 나무들도 업이 가지가지입니다. 도량에 양극을 달리는 아이들이 있습니다. 수국水菊은 물을 엄청 좋아하지만, 저면 아이리스는 물을 극혐하는 수준입니다. 보통 나무 이름에 물 수水 자가 들어가면 물을 좋아하는 아이이지요. 수국이 겨울나면서 봄에 가지 죽은 경우가 많이 보이는 것은 겨울 가뭄에 말라 죽기 때문입니다. 겨울에도 가물면 물을 주어야 하는 아이입니다. 여름에는 물 호스를 들고 살아야 하는 까닭에 주인장을 가장 괴롭히는 아이랍니다.

반면에 저면 아이리스는 물을 아주 싫어합니다. 잘 자라다가도 비가 사나흘 연속으로 내리면 뿌리가 녹아 버립니다. 특히 무주선원 땅은 진흙이라 배수가 잘 안 되어 고전하는데, 작년에는 피트모스peatmoss를 넣고 심었지만 별 효과는 없는 것 같습니다.

꽃과 나무도 열 체질이 있고 냉 체질이 있습니다. 도량에는 여름은 더워서 견디지 못하고 휴면에 들어갔다가 추워지면서 싱싱하게 올라오는 열 체질 아이들 수선화, 꽃무릇, 상사화 등이 있습니다. 작년보다는 좀 늦었는데 수선화 꽃봉오리가 올라왔습니다.

생명의 논리는 식물이나 동물이나 다 똑같습니다. 꽃과 나무를 길러 보면 식물도 살려고 엄청 노력하는 것을 느낄 수 있습니다. 농사를 지으면 철학자가 된다고 하지요. 일본에서는 문제아 학생들에게 "원예치료"라고 해서 농사를 짓게 한다고 합니다. 자연과 접하고 식물을 만지다 보면 인욕도 배우고 기다림도 배우고 자연스럽게 세상 이치를 깨닫게 된다는 것이지요.

다양한 업의 꽃과 나무들이 한 도량에 모여서 총림을 이루고 나름 존재감을 보이며 열심히 사는 것을 바라보며 사바세계에서도 서로 다름을 인정하면 많은 시비를 놓을 수 있을 텐데 하는 마음이 일어납니다.

동백꽃이나 능소화가 깔끔하게 지는 것을 보며 우리도 갈
적에 깔끔하게 가야 할 텐데 하는 원願이 일어납니다.

미타행자의
마음공부

초판 1쇄 발행 2024년 3월 25일
초판 2쇄 발행 2024년 6월 14일

지은이   본연

펴낸이   오세룡
편집   정연주 여수령 손미숙 박성화 윤예지
기획   곽은영 최윤정
디자인   최지혜 고혜정 김효선
홍보·마케팅 정성진

펴낸곳   담앤북스
주소   서울특별시 종로구 새문안로3길 23 경희궁의아침 4단지 805호
전화   02-765-1250(편집부) 02-765-1251(영업부)
전송   02-764-1251
전자우편   dhamenbooks@naver.com

출판등록   제300-2011-115호

ISBN 979-11-6201-425-7 (03220)
정가 16,000원